JN445705

AI 비즈니스,
생명 가치 경영으로 전환

인공지능총서

인공지능 시대입니다. 기계가 인간의 인지를 대신하고, 사물이 인간을 통하지 않고 다른 사물과 직접 커뮤니케이션합니다. 이에 따른 인간 삶과 문명 변화를 정확히 이해 · 예측 · 대응하는 것은 이 시대 우리 모두의 과제입니다. 인공지능총서는 인공지능 기술과 환경의 여러 주제를 10가지 키워드로 정리합니다. 관련 개념과 이론, 학계와 산업계의 쟁점, 우리 일상의 변화를 다룹니다. 인간과 기술의 현재, 미래를 세심히 분석합니다.

일러두기

- 인명, 작품명, 저서명, 개념어 등은 한글과 함께 괄호 안에 해당 국가의 원어를 병기했습니다.
- 외래어 표기는 현행 어문규정의 외래어표기법을 따랐습니다. 다만 '딥러닝', '딥마인드', '딥페이크' 등은 관행을 따랐습니다.
- 이 책에 수록된 내용들의 기본적 토대는 주로 저자의 연구논문들을 바탕으로 이루어졌습니다. 자세한 연구논문들은 참고문헌에 수록하였습니다.

AI 비즈니스,
생명 가치 경영으로 전환

이완형

대한민국, 서울, 커뮤니케이션북스, 2024

AI 비즈니스, 생명 가치 경영으로 전환

지은이 이완형
펴낸이 박영률

초판 1쇄 펴낸날 2024년 9월 24일

커뮤니케이션북스(주)
출판 등록 2007년 8월 17일 제313-2007-000166호
02880 서울시 성북구 성북로 5-11
전화(02) 7474 001, 팩스(02) 736 5047
commbooks@commbooks.com
www.commbooks.com

이 책은 커뮤니케이션북스(주)가 저작권자와 계약해 발행했습니다.
본사의 서면 허락 없이는 어떠한 형태나 수단으로도
이 책의 내용을 이용할 수 없음을 알려드립니다.

ⓒ 이완형, 2024

ISBN 979-11-288-5435-4 03500

책값은 뒤표지에 표시되어 있습니다.

차례

비즈니스의 새로운 엔진

AI 시대에 가져 보는 질문

최근 몇 년 동안 한 가지 질문이 머릿속을 떠나지 않았다. 그것은 오늘날 우리의 삶과 여러 사회문제를 해결하는 대안으로서의 디지털 기술, AI의 활용을 보면서 '이 기술적 진보가 지향하는 목적은 무엇일까?' 하는 것이다. 기술적, 기능적으로 괄목할 만한 진보가 이루어지면 이것이 우리의 삶을 풍요롭고 행복하게 해줄 것인가를 생각해 보면 '반드시 그렇다'라는 답을 내놓기 어렵다. 이제 AI는 기업이나 연구실의 거대 컴퓨터에서나 가능한 도구가 아니라, 온 디바이스 AI(On Device AI) 차원으로 발전하여 개인의 작은 휴대폰에까지 들어왔다. 그러면서 우리는 일상에서 지금까지 경험해 본 것과는 비교가 되지 않을 정도의 혁명적 수준의 기술을 체험하면서 살고 있다.

일본의 소프트뱅크 손정의 회장은 10년 안에 인간보다 일만 배 똑똑한 초인공지능(ASI, Artificial Super Intelligence)이 나올 것으로 예측했다. 미래에는 인간

뇌의 뉴런처럼 상호작용하는 다양한 AI가 등장, 인간보다 훨씬 똑똑한 ASI가 속출할 것이라고 강조했다(동아일보, 2024).

그렇다면 '앞으로 우리의 목표는 ASI를 더욱 고도화하는 것이어야 하는가?'에 대한 물음을 갖지 않을 수 없다. 그리고 인간보다 일만 배나 똑똑하다는 기준은 무엇인가? 물론 데이터 지식의 질과 양을 말하는 것이지만, '이것이 앞으로 인류가 추구해야 할 가치인가?'에 대해서 역시 의문을 가지지 않을 수 없다. 기능적으로 최고의 기술 수준이 곧 우리의 미래 목표라고 말할 수는 없기 때문이다.

이 작은 책을 저술하면서 급속히 디지털화하는 우리의 삶과 사회 속에 이러한 질문에 기초한 저자의 생각을 담아 보려고 노력하였다.

이 책의 내용은 갑자기 그리고 감상적인 접근으로 하루아침에 이루어진 것들이 아니라, 2016년 4차 산업혁명의 디지털 시대로 접어들면서 지속해서 관련 연구를 진행해 온 데서 연유한다. 디지털 트랜스포메이션(디지털 전환)을 주제로 하는 논문 발표, 그리고 책을 집필하면서 계속 꼬리에 꼬리를 무는 질문은 '그렇다면 기술 시대에 우리의 목적은 무엇이어야 하는가?'였다.

우리가 이미 알고 있다시피, AI 시대 연일 언론 보도를 통해 쏟아지는 기사들은 AI 기술의 적용에 대한 긍정적이고도 좋은 전망에 대한 것도 있지만, 반대로 AI가 가져올 인류의 위기 또는 인간 정체성에 관련된 논란도 함께 다루고 있다. 그런데 이러한 위기와 관련된 내용은 그저 AI에 대한 반대 의견이라고 생각하기에는 너무나 중대한 문제(critical issue)를 담고 있다. 왜냐하면 인류는 그동안 새로운 기술과 산업이 등장할 때마다 새로운 사회로 진입하면서 아울러 삶의 풍요로운 발전을 일구었지만, 그것은 기술적 진보를 통한 새로운 시스템의 발전, 방법의 변화와 혁신, 삶의 변화 등의 문제였지, 지금처럼 기술적 진보 자체가 인류의 생존을 위협하고 걱정해야 하는 정도의 차원은 아니었기 때문이다.

역사적으로 18세기 영국에서 산업혁명이 일어났을 때도 새로운 기계 주도의 환경에 대해 혼란과 파장이 있었다. 그 흐름에 반해 러다이트 운동(Luddite Movement, 1811년~1817년)이 일어나게 되었다. 수공업에 기초한 작업장들이 기계 설비를 갖춘 큰 공장제 공업으로 전환되었기 때문에 일자리가 줄어든다는 데에 대한 위기감 때문이었다. 한마디로 기계 파괴 운동이다. 지금도 대부분 관심사는 AI가 인간의 일자리를 빼앗을 것이라는 위기감이다. 그러나 AI 시대가 러다이트 운동 때와 다른 점은 단지 일자리의 문제를 뛰어넘어 '인간'이라는 존재적 증명에 대한 혼란이 오늘을 살아가는 우리 앞에 커지고 있기 때문이다.

그렇다고 이 책에서 AI를 반대한다거나 AI의 무용론, 또는 AI를 모두 몰아내자고 주장하는 것은 더더욱 아니다. 오히려 'AI의 시대적 흐름을 역행할 수 없다면, AI를 어떻게 잘 활용할 수 있을까'에 대한 내용을 다룬다. 즉 기능적 또는 기술적 성취를 목적으로 하는 것이 아니라 이것을 통해 인간의 정체성 또는 '인간답게'라는 아주 원초적인 질문 앞에 우리 자신을 세워 보자는 것이다. 그래서 AI를 활용하는 모든 분야에서 더욱 발전적으로 만들어 가는 나의 일 속에, 그 목적이 무엇인가를 점검하고, 방향성을 세워 AI를 개발하고 또한 슬기롭게 활용해야 하지 않겠냐는 것이다.

AI라는 우상 숭배

그동안 처리할 수 없었던 과학적 접근의 방대한 양적 · 질적 데이터 그리고 알고리즘을 활용한 예측 등의 문제에서 최근 AI는 만능 해결사가 되어 가고 있다. 그런데 이런 상황에서 한편으로는 우스꽝스러운 모습의 인간을 상상해 보기도 한다. 영화에서나 볼 듯한 뇌가 아주 작은 인간이다. 점점 모든 판단의 근거와 결정은 AI에 의존하기에 자연스럽게 퇴화한 인간의 뇌는 외계인처럼 축소되고, 몸집은 큰 기형적인 모습이 인간의 미래 모습이 아닐지 모르겠다는 생각이다. 지금도 운전하면서 가끔 내가 옛날에 비해 바보가 되어 가고 있는 듯한 생각이 드는 것은 내비게이션의 안내가 없으면 왠지 불안하고 불편하기 때문이다. 안내하는 길이 최적의 선택이라고 믿고, 아예 생각 없이 지시만 따라서 운전한다.

생성형 AI의 생태계는 점점 새로운 국면을 향해 나아가고 있다. 대기업이나 거대 IT 기업들이 발전을 선도하고 있으나 AI 서비스를 활용하는 측면에서는 중소기업이나 스타트업 기업에게 새로운 기회들이 점점 늘어나고 있다.

컨설팅 기관인 딜로이트(2023)의 분석에 따르면 전 세계 최고경영자(CEO)의 79%는 생성형 AI가 기업의 효율성을 높일 것으로 기대하고 또 성장 기회를 늘릴 것이라고 보았다. 피더블유씨(PwC, 2024) 컨설팅이 CEO 4702명을 대상으로 한 설문조사에서 CEO의 60%는 생성형 AI를 통해 제품 및 서비스의 품질을 향상할 수 있을 것으로 기대했다. 최근 기업들은 AI 활용 비즈니스 모델

개발에 투자를 집중하고 있다. 기업들의 AI 비즈니스는 크게 세 가지 차원에서 속도를 내고 있다. 첫째, 개인 맞춤형 AI 활용, 둘째, 새로운 AI 제품개발, 셋째, 기존 제품에 AI 기능 적용이다. 장기적으로 AI 발전 형태는 AI 모델에 한정되지 않고 인프라부터 최종 AI 서비스까지 전 분야에 걸친 혁신이 이루어질 것이다(PwC, 2024). 기업들의 혁신 현황이나 노력 들을 보면 AI는 이미 의사 결정의 독보적 존재로 자리매김하고 있다.

그러나 한편으로는 인간의 예지력과 판단 영역은 설 자리를 잃고 있다. 오직 AI에 의한 판단만이 정당화되고 곧 옳은 결정이라는 블랙홀로 빨려 들어가고 있다. 이에 'AI라는 우상 숭배의 길로 나가고 있는 것이 아닌가?'라는 질문을 던지지 않을 수 없다.

AI에 대한 우려의 목소리들

"AI가 100년 안에 인간을 멸종시킬 가능성이 99.9%에 달할 것이다. 미래에는 AI가 인간을 반드시 해친다." 이는 로만 얌폴스키(Roman Yampolskiy) 루이빌대 사이버보안연구소 교수가 AI의 위험성을 제기하며 내놓은 경고다. 그는 AI가 인류를 멸망시킬 가능성은 인간이 향후 100년 안에 버그 없이 고도로 복잡한 소프트웨어를 만들 수 있는지에 달려 있다고 주장했다(헤럴드경제, 2024). 그리고 인류의 운명이 될 가능성 세 가지를 예측했는데, AI가 모두를 죽이는 상황, AI로 인해 모두가 고통받고 차라리 죽기를 바라는 상황, 모든 인간이 목적을 완전히 상실하는 상황 등이다.

그런가 하면, 오픈AI · 구글 딥마인드 · 앤스로픽 등 글로벌 생성형 인공지능 선두 기업의 전현직 직원 13명이 AI의 위험을 경고하는 공동 성명을 냈다. 이들은 성명에서 "AI가 인류에 전례 없는 혜택을 제공할 수 있는 잠재력을 믿지만, 이런 기술로 인해 발생하는 심각한 위험이 있다. 이러한 위험에는 기존 불평등의 고착화부터 조작된 정보, 잠재적으로 인류 멸종을 초래할 자율 AI 시스템의 통제 상실 등 다양한 요인이 있다"라고 하며 특히 비공개 정보의 투명성 저하 문제를 지적했다(조선일보, 2024).

최근에 이러한 이슈들에 대해 생성형 AI를 만들며 AI 시장을 주도하고 있는 오픈AI 개발팀에서부터 문제 제기가 이루어지고 있다는 데 한편의 충격이 아닐 수 없다. 왜냐하면 일반 대중은 어떤 일이 일어나고 있는지 전혀 모르는 데다가 AI의 편리성과 아울러 막연한 불안함이 공존하는 현재 상황에서 이러한 문제 제기는 매우 중요한 생각 포인트를 제공하고 있기 때문이다. 또한 오픈 AI는 수퍼얼라인먼트(superalignment)팀을 전격 해체하였다. 이 팀은 미래에 고도로 발전한 AI가 인류를 해치지 않도록 AI를 통제하는 방법을 연구하는 일종의 '안전팀'이었는데 전격 해체된 것이다. 당장 수익을 내지 않는 안전팀을 해체하고, 회사가 컴퓨터 성능을 더 크고 빠른 신규 AI 모델과 서비스를 만들어 내는 데 집중하기로 한 결과다(조선일보, 2024).

한편 유럽연합(EU)은 2024년 3월 13일 세계 최초로 '인공지능 규제법(AI Act)'을 통과시켰다. 여기에는 역내 AI 기술 개발을 지원하는 'AI 혁신 패키지'와 사용자와 개발자의 안전과 기본권을 보장하는 'AI 조정계획'을 포함해 '개발'과 '규제'를 위한 균형점을 찾고자 하였다(국가안보전략연구원, 2024). 정부 주도의 첫 AI 규제법을 통과시키며, AI 법으로 무분별한 개발을 제한하는 합의에 도달한 것이다(IT동아, 2023). 이 법안의 핵심 키워드는 '책임감 있는 AI'다. EU 27개국 회원국에서는 실시간 안면 인식 후 프로파일링을 하는 등의 인권 침해적 요소를 지닌 AI 서비스는 모두 금지된다. 인간 수준의 사고력을 지닌 범용인공지능(AGI, Artificial General Intelligence)에 대한 규제도 시행된다. 이 규제법의 시행은 민간이 아닌 정부 주도로 강제적으로 이행하게 한다는 데 의의가 있다. 그만큼 구속력을 동반하고 있다. 규제법의 주요 내용은 세 가지다. 첫째, 신뢰할 수 있는 AI의 개발, 둘째, 자유롭고 안전한 AI 사용을 위해 위험도를 식별하고 그에 맞는 엄격한 규제를 마련하는 위험의 완화 및 관리, 셋째, 개인의 권리 보호와 기업의 투명성을 보장하고 글로벌 표준 설정을 제정하는 것이다. 이러한 법의 마련은 현재 AI 기술을 이용한 딥페이크와 가짜 뉴스가 미칠 부작용을 최소화하는 데서부터 출발했다.

AI 비즈니스에 새로운 엔진 '생명'을 달자

현재 기업들이 AI를 활용하면서 기대하는 것은 모두 기능과 효율 중심에 국한되어 있다. 예를 들면 글로벌 컨설팅 기업인 딜로이트가 최고경영자를 대상으로 한 설문조사(Deloitte, 2023)에서 효율성 증대, 운영 자동화, 운영 비용 감축, 신규 데이터 확보 개선, 성장 기회 증대, 위기관리 개선에서 높은 기대치를 보여 주고 있다. 이는 단적으로 기업이 AI를 통한 혁신 및 제품과 서비스를 통해 얻고자 하는 목표들인데, 여기에 인간과 AI 활용의 접점과 갈등에 대한 고민은 전혀 없다. 효율과 생산성 그리고 이익이라는 전통적 경영 목표에 관한 관심들뿐이다. AI

의 활용이 인간과 지구 생태계에는 어떤 영향을 미치며, 어떻게 AI에 접근할 때 인간 정체성 문제를 훼손하지 않으면서 이로운 AI 비즈니스를 할 수 있을까에 대한 고민은 전혀 없다.

이제 다시 고대 그리스 철학의 대가들이 피력했던 '나는 누구인가(Who am I)?', '나는 어떻게 살 것인가(How to live)?', '나는 어떻게 죽을 것인가(How to die)?'의 인간 본연의 질문으로 돌아갈 시점이다. 지금, 이 질문에 대한 논의와 고민을 놓친다면, 100년 안에 AI가 인간을 멸종시킨다는 로만 얌폴스키 교수의 경고가 현실이 될 수 있을 것이다. 지금 우리나라 대학은 이미 경쟁력이라는 명분 아래 기본학문을 포기한 지 오래되었다. 그리고 학생들조차 지원하지 않는다. 그래서 학생들이 지원하지 않고 선호하지 않는 학과는 폐과로 이어진다.

앞으로 경영학 분야에서 어떤 분야가 유망하냐고 저자에게 묻는다면, 망설임 없이 경영철학 분야라고 말한다. 왜냐하면 AI가 더욱 우리의 삶에 들어올수록 철학적 사고의 빈곤에 따른 정체성 결여가 커질 것이기 때문이다. AI가 우리의 모든 삶을 제어하고 결정할수록 혼란은 더욱 커질 것이 자명하다.

AI의 기술적 역량 위에 기업은 무엇으로 차별화할 수

있을 것인가? 이는 AI 제품에 어떤 '가치'를 담고 있는가에 달려 있고, 이는 또한 기업이 어떤 '경영철학'에 기반을 두고 있느냐의 차이에서 결정된다고 보기 때문이다. 앞으로의 비즈니스 경쟁은 성능과 기능의 싸움이 아니라 철학과 가치의 싸움이다.

모든 스포츠 게임에서 공통적인 핵심 키워드가 있다. 상당한 근력을 사용하는 종목이든, 상당한 기술을 요하는 종목이든, 상당한 속도가 중요한 종목이든, 모든 스포츠의 경쟁은 '멘탈 게임'이라는 데 이견이 없다. 결국 플레이어의 정신이다. 기업은 시장(market)이라는 경기장에서 존재하는 플레이어(player)다.

AI 시대 제품과 서비스에서 기능과 성능이 소비자를 만족시키는 최우선의 가치일까? AI와 인간 존재가 대립하는 현재 상황에서 아직도 산업 시대의 경영 논리로 AI 시대를 맞이할 수는 없는 것이 아닌가! 기업 경영에서 철학이 없는 기업은 지속할 수 없을 뿐 아니라 실패하게 될 것이다.

이 책의 관점과 구성

이 책은 이런 관점에서 인간을 인간답게 하는 근원으로서의 생명 가치를 기반으로 저술하였다. 학문적으로는 기술 철학적 사고를 바탕으로 기술 경영과 윤리 경영 그리고 경영 전략의 시각을 AI의 활용 측면에서 통합하는 내용으로 구성하였다. 이 책은 그동안 경제와 경영 분야에서 함께 다루지 않았던 '생명'이라는 주제를 비즈니스의 영역에 접목, 적용한 첫 시도다. 이는 저자가 최근 주력하고 있는 연구 분야로서 '휴머니티 경영(Humanity Management)'이라는 새로운 관점이다. AI 시대 모든 분야는 최첨단의 성능을 통한 인간과의 연결이 아니라 생명의 가치를 놓치지 않고 인간과 기계의 연결 방식에 대해 고민해야 한다.

이 책은 총 10개 주제로 구성되었다. 문고판의 성격상 내용을 간략화할 수밖에 없지만 10개의 주제를 선정하고 내용을 구성하는 데 많이 고민하였다. 새로운 주제를 독자들에게 잘 전달해야 한다는 책임을 느끼기 때문이다. 1~3장은 생명에 대한 기본 개념과 의미, 가치를 말하며 생명 경제의 개념으로 연결하였다. 4~6장은 새로운 패러다임을 바라보았다. 정당하고 옳은 것이라는 주제 아래 기업 경영의 변화를 살펴보았다. 그리고 7~10장은 결론에 해당하는 부분으로서 AI 시대는 인간 시대를 선언하는 것으로부터 시작되어야 하며 기업 또한 생명 가치에 대한 목적이 분명해야 함을 강조하였다. 기업은 사회의 변화를 주도하는 체인지 에이전트로(change agent)서의 역할(9장)을 해야 하고 소비자는 사회와 기업의 방향을 가늠하게 하는 게임 체인저(game changer)로서의 역할(10장)을 해야 함을 강조하였다.

이 책이 기업과 소비자 모두에게 새로운 삶의 엔진에 대한 이해를 높이고, 생명 가치를 중심으로 하는 새로운 방향성에 대해 공감대를 확산시킬 기회가 되길 바란다. 이를 통해 우리가 하는 일과 삶의 목적에 대한 인식이 더욱 생명 넘치기를 기대한다.

참고문헌

국가안보전략연구원(INSS) (2024). EU '인공지능 규제법(AI Act)' 통과의 의미와 시사점. ≪이슈브리프≫ 527호.

동아일보(2024.6.24). 손정의 "10년 내 인간보다 1만 배 똑똑한 AI 나온다".
https://www.donga.com/news/article/all/20240624/125589439/1

조선일보(2024.5.19). 수익에 밀려난 안전, 오픈 AI, 인류 공격 막는 안전팀 1년만에 전격 해체.
https://www.chosun.com/economy/tech_it/2024/05/19/TFS765H3O5FWZMT7TIYKXI5UK4/

조선일보(2024.6.5). 오픈 AI 직원들 "AI 위험 폭로에 보복 말라" 공동 성명.
https://www.chosun.com/economy/tech_it/2024/06/05/JA

R22YN2KNBQVLIR6YNF2OTQRA/

헤럴드경제(2024.6.8). "이건 진짜 소름 돋는다" 충격 넘어 공포, 알고 보면 섬뜩한 여성.
https://news.heraldcorp.com/view.php?ud=20240608050048

Deloitte(2023). Summer 2023 Fortune/Deloitte CEO Survey. in 삼일PwC경영연구원(2024).
https://www2.deloitte.com/content/dam/Deloitte/us/Documents/us_FINAL_CEO_Survey_Summer_2023_Infographic_vF.pdf

IT동아(2023.12.12). 정부주도의 첫 AI 규제법, EU, AI 법으로 무분별한 개발 막는다. https://it.donga.com/104706/

PwC (2024). Thriving in an age of continuous reinvention. PwC's 27th Annual Global CEO Survey.

https://www.pwc.com/gx/en/ceo-survey/2024/download/27th-ceo-survey.pdf

01
생명의 의미와 본질

생명이란 무엇인가? 단지 살아 있는 것이 생명이 아니다. 생명에는 여러 의미가 담겨 있다. 생명은 호흡이다. 지구의 생명은 숨만 쉬고 있는 정체되어 있는 것이 아니라 계속 움직인다. 그래서 생명은 '명사'가 아니라 '동사'다. 살아 있는 것은 움직이기 때문이다. 생명은 어떤 특정한 물질의 현상도 아니고, 수많은 세포의 상호작용을 통한 연결이다. 생명은 다음 세대, 다음 종으로 이어지는 존재의 확장이다. 생명의 의미를 통해 AI 시대 생명 가치 경영이 왜 필요한가를 이해한다.

생명이란

생명이란 무엇인가 그 의미와 본질에 대해 살펴본다. 생명을 무엇이라고 말할 수 있을까? 학문적으로나 의학적 생리학적으로 여러 가지 정의가 존재하지만, 무엇보다도 생명의 본질은 호흡(숨)이다. 호흡은 눈에 보이지 않는다. 호흡의 숨결은 바람처럼 사물을 움직인다. 들숨(inspiraton), 날숨(expiration), 호흡(respiration), 영혼(spirit)은 모두 비슷한 어원에서 나왔다(Margulis & Sagan, 1995). 이는 구약성서에서 '숨'에 해당하는 특별한 용어로서 '네페시(nephesh)'라고 하는데, 살아 있는 영혼이나 숨 쉬는 정신을 의미한다. 호흡은 들숨만 있는 것도, 날숨만 있는 것도 아니다. 숨 쉬며 살아 있는 생명은 들숨과 날숨의 상호관계 속에 있다.

마굴리스와 세이건(Margulis and Sagan, 1995)은 『생명이란 무엇인가?』에서 생명에 대한 여러 가지 의미를 정리하였다.

첫째, 생명은 가장 정교하고 복잡한 물질 현상이다. 동물, 식물, 미생물 등 모든 지구상의 생물권 생명은 물질처럼 일반적인 물리 화학적인 특성을 나타내지만, 그 화학 물질들의 작용에 따라 구별된다. 지구의 생명은 숨만 쉬고 있는 정체된 것이 아니라 끊임없이 활동하고 있다. 그래서 생명은 '명사'가 아니라 오히려 '동사'에 더욱 가깝다. 또한 생명은 단순히 제자리에서 움직이는 것을 넘어 자신을 스스로 고치고 유지하고 다시 만들어 자신을 뛰어넘기도 한다. 이런 과정들이 모이고 모여 생명은 지구 전체에 생기를 불어넣는다. 진정한 의미에서 지구는 살아 있다. 이 과정에서 생명체들은 독립적이고 자율적인 개체로 존재하기보다는, 다른 생명체나 물질, 에너지, 그리고 정보를 서로 교환하는 공동체 속에 존재한다. 따라서 생명이 있다는 것은 다른 생명체들과의 연결을 의미한다.

둘째, 생명을 가진 어떤 분자도 혼자서 복제할 수 없다. 지구에 존재하는 가장 작은 생명체는 미세한 막에 둘러싸인 세균 세포로, 이러한 작은 생명체조차도 상호작용하는 수많은 분자가 필요하다. 이러한 상호작용이 생명을 생명답게 만드는 것이다.

셋째, 생물의 경이로운 현상 중 하나는 내부 공생이다. 내부 공생이란 세포 내 공생 이론으로, 생존을 위해 작은 원핵세포가 큰 원핵세포로 들어가 생존을 위해 공존하다가 진핵생물로 진화되었다는 가설이다(네이버 지식백과). 내부 공생은 미생물이 단순히 숙주 근처에서가 아니라 숙주 내부에서 살아가는 관계를 의미한다. 이 관계에서 생물들은 서로 합병하여 새로운 개체를 만들어 낸다. 예를 들어, 인간의 소화관에 사는 세균이 없다면 비타민 B나 K를 합성할 수 없다. 생명은 수많은 기묘한 협력 관계를 형성한다. 공생을 통해 다양한 세균이 결합하여 핵을 가진 세포를 만들어 낸다. 생명은 공생으로 진화한 개체들의 진귀하고도 새로운 산물이다. 움직이고, 집합하고, 유전자를 교환하며, 우위를 차지하는 과정에서 종이 다른 개체들이 몸을 합병한 결과로 분열, 죽음, 그리고 복잡한 세포가 다시 새롭게 등장한다. 생명은 다음 세대와 종으로 이어지는 존재의 확장이다.

넷째, 생명은 다투고 충돌하는 것이 아니다. 별개의 실체들이 협력하여 새로운 생물이 되기도 한다. 생명은 복잡한 세포와 다세포 생물에서 절대 멈추지 않는다. 나아가 사회와 군집을, 마침내 살아 있는 생물권 자체를 만들어 낸다.

다섯째, 생명은 에너지와 물질의 변화다. 태양의 불꽃이 광합성 생물의 녹색 불꽃이 된다. 생명은 끊임없이 열을 소산하는 화학 작용이다.

여섯째, 생명은 자기초월적이다. 살아가며 조정하고 배움으로써 장기간에 걸친 작용과 적응으로, 상호작용과 공진화로 원래의 자기 모습을 넘어선다는 의미에서 생명체는 자신을 초월한다.

일곱째, 모든 생물은 복합적인 삶을 영위한다. 예를 들어, 진흙탕 속에서도 자신에게 필요한 것을 획득하며 살아가면서 동시에 공기를 정화하고 환경을 변화시킨다.

빅데이터를 통한 AI가 생명의 복잡성을 모방한다고 하지만, 인간을 포함한 지구의 생명체에서 일어나는 복잡하고 다양한 현상을 기계적 분석으로 일정한 패턴과 특징으로 규정짓기에는 한계가 있다. 생명 자체는 너무나 신비롭고 다양하여, 이를 단순한 패턴으로 일반화하면 생명체의 본질을 지나치게 간소화하는 오류를 범할 수 있다. 인공지능 로봇이나 슈퍼휴먼이 지식적으로는 인간보다 수만 배 더 똑똑하고 생명체의 모습을 흉내 낼 수 있을지라도, 생명의 복잡하고 다양하며 경이로운 본질은 그 어떤 것으로도 대체될 수 없다. 생명은 그 자체로 신비롭고 경이롭기 때문에, 이를 완전히 이해하거나 모방하는 것은 불가능하다. 이스라엘 히브리대학교 교수이며 역사학자인 유발 하라리(Yuval Harari)는 세계적 스테디셀러 『사피엔스: 유인원에서 사이보그까지, 인간 역사의 대담하고 위대한 질문』에서 이렇게 말했다. 인간의 역사가 시작된 이래로 "인간이 신이 될 때 역사는 끝날 것이다"(Harari, 2011).

결국 생명이란 몇 가지 특징을 잘 조합해서 만들어질 수 있는 것이 아니며, 혼자만의 독립적인 존재도 아니다. 생명은 혼자서 생존할 수 없는 것이다. 생명은 특정한 물질의 현상이 아니라, 수많은 세포의 상호작용을 통한 연결이며, 공생 관계에서 새로운 창조가 가능하게 되는 것이다. 생명은 혼자만의 생존을 위한 투쟁과 경쟁의 승리가 아니라, 협력과 공생의 실체다. 이러한 과정을 통해 끊임없는 에너지를 창출하고, 물질의 변화를 끌어낸다. 게다가 생명은 자기초월적으로 상호작용과 공진화를 통해 자신을 초월한다. 한마디로, 생명의 본질은 단순히 나만을 위한 독립적이고 나 중심의 독단적인 경쟁에서 승리하는 것이 아니라는 사실이다.

왜 생명 가치 비즈니스인가

최근의 경영 환경은 급변하고 있다. 인간의 생명과 지구 환경에 대한 인식이 높아지고 있고, 또한 디지털 기술을 통한 생명체 다양성 보존에 대한 해결책들이 강력히 요청되고 있다.

첫째, 디지털 기술이 다양한 분야에 적용되면서 전통적인 산업군에서도 전방위적으로 디지털화가 일어나고 있다. 이를 디지털 전환 또는 디지털 트랜스포메이션이라고 한다. 디지털 트랜스포메이션이 기업의 경영과 제품 콘셉트에 도입되면서 소비자 만족은 디지털 전환 이전과는 비교할 수 없을 정도로 더욱 세분되었다. 왜냐하면 빅데이터 분석을 통한 AI의 활용으로 개인에게 더욱 적합한 제품과 서비스의 제공이 가능해졌기 때문이다.

둘째, 기후 변화 요인을 들지 않을 수 없다. 이는 최근의 경영 활동에 매우 큰 영향을 미치기 시작했다. 해수면 상승, 빙하 해빙, 극심한 가뭄, 지속되는 산불, 오존 지수 증가 등으로 연속되는 기후 위기는 인류의 삶은 물론 인간, 동식물, 자연 생태계의 생명에 위협 요인으로 아주 가깝게 다가왔다. 이를 해결하고자 하는 경영의 여러 대안이 강구되고 있다.

자원을 사용하여 물건을 만들고 사용 후 폐기하는 선형 경제(linear economy)로부터 사용 후 폐기되지 않는 자원 순환의 순환 경제(circular economy)로의 전환을 가능하게 하는 것은 오늘날 지구의 생명을 보존하는 매우 중요한 일이고, 이러한 대안들은 디지털 기술의 발전으로 그 해결책을 찾고 있다.

셋째, 코로나 바이러스 팬데믹은 인류에게 새로운 비즈니스의 가치가 무엇이어야 하는가에 대한 큰 교훈을 주었다. 사람들에게 삶의 가치 기준과 아울러 제품과 서비스 사용에서의 건강, 위생 등 안전 요인이 중요한 판단 기준이 되었다. 단지 성능과 기능으로만 좋은 제품의 절대적인 기준이 될 수 없다는 사실을 깨닫게 되며 이에 대한 새로운 비즈니스에 대한 필요성을 자각하게 되었다. 새로운 경영에 대한 니즈가 전 세계적으로 요구되어 기업 경영에서의 새로운 패러다임에 대한 당위성은 크게 증대되었다.

넷째, 최근 AI의 고도화가 급속히 이루어지면서 인간 존재에 대한 갈등이 부각되고 있다. 여러 우려의 목소리들이 AI 개발자 사이에서는 물론 사용자 측면에서도 증가하고 있다. 이러한 갈등의 해결 고리로서 제시되고 있는 것이 AI 윤리다. 특히 인공지능은 개발자나 사용자의 이론적 편향성에 따라 얼마든지 악용될 위험성이 존재하기 때문에 윤리적 토대를 마련하는 것은 생명의 의미에서 비추어 볼 때 매우 중요한 일이다. 현재 윤리 이슈의 중심에는 인공지능에 대한 기술 윤리도 있지만, 기술을 만드는 사람의 윤리가 우선되어야 한다는 것이 공통된 견해다. 따라서 인간과 AI가 공존하는 인공지능 사회에서 윤리의 중심은 곧 인간이고, 인간 본질에 대한 이해로부터의 논의가 중요하다(이완형, 2018).

이러한 환경 변화 요인들은 기업 경영에서 중요한 논리인 경쟁력 확보라는 명제를 넘어 새로운 변화를 반영할 수 있는 적합한 개념의 정립이 필요하다는 사실을 보여 준다. 즉, AI의 고도화가 진행될수록 경영은 단순히 기술적 문제를 넘어 윤리적 측면에서 인간 존재에 대한 위기와 기회 요인들을 동시에 고려해야 한다. 또 편리하고 기능적으로 우수한 제품과 서비스가 오늘날에도 여전히 추구해야 할 가치인지에 대한 의문이 제기된다.

게다가 기후 위기의 상황에서 산업 시대의 기업 경영 가치들은 아직도 그대로 유효하냐는 질문에 직면해 있다. 이러한 변화된 경영 환경에서 기업 경영의 목적과 가치는 무엇이어야 하는지에 대한 재고가 필요하다. 이제 기업 경영은 더 이상 단순한 이윤 추구에 머물러서는 안되며, 기업은 사회적 책임과 지속 가능성을 포괄하는 새로운 경영 철학을 수립해야 할 시점이다.

특히 생명은 그 본질적 의미에서 볼 때, 분석을 통한 패턴화나 일반화가 너무나 어렵고 복잡하다. 그런데 AI 경영은 패턴화하고 일반화하며 데이터 분석에 의한 하나의 도식적(알고리즘) 의사 결정을 도출하려 한다는 점에서 생명의 본질과 크게 다르다. 생명은 다양한 변수를 지닌 복잡한 현상으로, 단순한 데이터와 알고리즘으로 규정할 수 없는 본질적인 특성이 있다. 이러한 생명의 복잡성과 다양성을 고려할 때, AI의 도식적 접근은 생명의 본질을 제대로 반영하지 못할 가능성이 크다. AI 경영은 이러한 한계를 인식하고, 생명이 관련된 의사 결정에서 더 포괄적이고 유연한 접근이 필요하다. 'AI 비즈니스의 진정한 목적을 어디에 두어야 하는가?'는 생명의 본질적 의미에서 점검해 볼 충분한 가치가 있다.

생명 경제라는 용어는 경영학 분야에서는 그동안 널리 통용되지 않았다. 주로 의학과 생명공학 분야에서 사용되었다. 그러나 최근의 사회 전반적인 변화 요인을 고려할 때, 생명에 대한 주제를 경영학 분야에서도 도입해야 할 필요성이 커지고 있다.

이제 경영도 '생명'의 엔진을 비즈니스에 새롭게 장착해야 할 시대적 요청 앞에 서 있다. 비즈니스는 새로운 가치를 추구해야 한다. 즉, 그동안의 효율과 성과 중심의 경영 논리에서 벗어나, 개인의 생명은 물론 지구 공동체의 생명에 대한 가치를 기업 경영에 반영해야 한다. 산업 시대 최고의 가치는 '관리'였다. 이는 효율성과 생산성을 확보해야 한다는 당위성에서 출발한 경영의 핵심이었다. 치밀한 계획과 추진력, 이를 성과로 연결하는 다양한 전략적 경영 방법들이 전략이라는 이름 아래 관리되어 왔다. 이 과정은 하나의 목표를 향해 일률적으로 조직화하고 체계화하는 전략 프로세스를 포함하고 있다.

지금은 AI 시대다. 새로운 패러다임이 도래했다. 그런데 산업 시대의 '관리'라는 관점에서 접근하려는 경향이 여전히 강하다. 이는 아직도 AI 기술의 기능성과 효율성에 중점을 두고 있기 때문이다. 그렇다고 비즈니스가 기능과 효율을 무시해야 한다는 의미는 아니다. 그러나 여전히 '관리'라는 틀 속에서 적용하는 AI 기법의 도입이 '과연 올바른 방향인가?' 하는 것이다. 전혀 그렇지 않다. 특히 AI가 비즈니스뿐만 아니라 우리의 삶과 생활에 밀접하게 연결되고 고도화될수록 이를 단지 편리한 기능과 효율성이라는 측면에서만 접근하는 것은 생명 존중 또는 인간성 회복 그리고 지구환경 개선이라는 시대적 명제에 눈 감아 버리는 일이 될 것이다.

따라서 이 책을 통해 새로운 패러다임에서의 기업의 경영 활동 그리고 소비자로서 소비 활동에 대한 새로운 인식의 전환이 일어나고 공감되기를 기대하는 마음이다. 기업의 제품과 서비스가 추구해야 할 미션으로서, 또는 AI 시대를 살아가는 우리의 모든 삶의 영역에서 '생명'의 가치를 다시 세워, 인류의 '지속 가능성'에 대해 함께 고민해 보고자 하는 것이다.

참고문헌

네이버 지식백과. 내부 공생이론.

이완형(2018). 인공지능 상용화에 따른 성경적 관점의 윤리 가이드라인에 관한 연구. ≪로고스경영연구≫, 16권 4호, 117-140쪽.

Margulis, &, Sagan, D.(1995). *What is life?.* 김영 옮김(2021). 『생명이란 무엇인가?』. 도서출판리수.

Harari, Y.(2011). *Sapiens: A Brief History of Humankind.* Harper. 조현욱 옮김(2015). 『사피엔스』. 김영사.

02
생명의 특성과 가치

생명의 특성과 가치, 이것이 지시하는 의미를 비즈니스 측면에서 이해한다. 생명은 관계하는 방식을 통해 서로 영향을 주고받는다. 생명의 활동에 영혼이 깃들어 있고, 이성적 판단과 행동이 포함되어 있다. 이는 혼자가 아닌 공동체 또는 집단의 특별한 합목적성을 가능하게 한다. 생명 가치 경영이란 이러한 생명의 특성을 포함하고 있다.

생명의 특성

생명의 본질과 생명현상을 과학적, 철학적, 생리적 관점에서 살펴보면 다음과 같다. 아리스토텔레스는 생명체의 본질을 영혼으로 보았다. 그는 생장의 영혼이 동물과 식물에, 감각의 영혼이 동물에, 이성의 영혼이 인간에게만 존재한다고 하였다. 반면, 데카르트는 동물을 영혼 없는 '자동인형'으로 보았고, 이를 '기계론적 생명관'이라 불렀다. 데카르트적 생명관은 동물 실험에 대한 죄책감을 감소했으며, 이는 오늘날 동물보호단체와 반려동물 애호가들에게는 경악할 만한 사상이다(정우현, 2022).

이와 같이, 생명에 대한 이해는 시대와 사상에 따라 크게 달라진다. 생명의 본질에 대한 아리스토텔레스와 데카르트의 상반된 견해는 생명에 대한 현대적 논의에도 중요한 출발점을 제공한다. 생명을 단순히 물질적 관점에서 볼 것인지, 아니면 생명에 더 깊은 철학적 의미를 부여할 것인지에 대한 논의는 여전히 유효하다.

생물학이 다루는 생명현상은 '위계 구조(hierarchical structure)'로 이루어져 있다. 생물을 구성하는 각각의 요소들이 상위 단계에서 합쳐지면 하위 단계에서는 보이지 않던 새로운 속성이 나타난다. 단백질이나 핵산, 지질 덩어리는 살아 있지 않지만, 이들이 모여 구성된 세포는 살아서 움직인다. 수천억 개의 신경세포가 모여 만들어진 뇌에서는 '마음'이라는 개념이 생겨난다. 이러한 성질들은 일반적인 물리법칙의 인과관계로 설명되지 않는다(정우현, 2022).

모노(Monod)는 그의 책 『우연과 필연』(1970)에서 생명의 기본적인 성질을 설명하며 '합목적성'을 강조하였다. 그는 모든 생명이 환경에 적응하기 위해 '목표 지향적인' 활동이 가능하도록 프로그램화된 존재라고 보았다. 즉, 생명은 어떤 '의도가 깃든' 존재이며, 모든 생명체의 구조는 특별한 의도를 나타내고, 그 생명 활동도 이 의도를 충실히 수행한다고 보았다.

세포의 증식이 어떻게 제어되는지를 연구해 온 유전학자이자 세포학자 너스(Nurse)는 저서 『생명이란 무엇인가』에서 생명의 특성을 다섯 가지 단계로 설명하였다(Nurse, 2020). 즉, 세포, 유전자, 자연선택을 통한 진화, 화학으로서의 생명, 정보로서의 생명이다.

첫째, 세포분열은 모든 생물의 성장과 발달의 기초다. 동물의 수정란은 세포들의 덩어리에서 복잡한 생명체인 배아로 변한다. 하나의 세포가 분열하여 두 개의 서로 다른 세포가 되고, 이 과정이 반복되면서 세포들이 특수한 조직과 기관으로 분화한다. 모든 세포는 내부 상태와 주변 환경의 변화를 감지하고 반응할 수 있다. 비록 환경과 분리되어 있지만, 세포는 환경과 긴밀하게 소통하며, 세포분열을 통해 몸을 스스로 치유하기도 한다.

둘째, 유전자다. 세포의 핵심에는 유전자가 있으며, 이는 세포가 스스로 만들고 조직하는 데 필요한 정보를 담고 있다. 유전자는 번식 시 새로운 세대로 전달되며, 특정 단백질을 만드는 방법을 지시하고 전체 생물의 행동에 큰 영향을 미친다. 이 정보는 생명에 매우 중요하며, 생명은 끊임없이 실험하고, 혁신하고, 적응한다.

셋째, 자연선택을 통한 진화다. 자연선택은 동종 생물 개체 사이의 생존경쟁에서 환경에 적응한 개체가 생존하여 자손을 남기는 과정이다(두산백과). 자연선택은 우리와 주변 생명체들의 놀라운 다양성을 낳는 창조적인 과정이다.

넷째, 생명은 화학이다. 이 개념은 발효 연구에서 유래했다. 세포는 자라면서 특정한 화학 반응을 일으키며, 이러한 반응은 세포 속 생명의 한 표현이다. 대사(metabolism)라는 다양한 화학 반응을 통해 생물은 유지, 성장, 조직화와 번식 등 모든 활동을 수행하며, 필요한 모든 에너지를 얻는다.

다섯째, 생명은 정보를 담고 있다. 정보는 모든 생명

의 핵심이다. 생물이 복잡하고 조직된 체계로 효과적으로 행동하려면, 외부 세계와 내부 상태에 관한 정보를 끊임없이 수집하고 활용해야 한다. 정보에 의존하는 것은 생물이 목적을 가지고 행동하는 방식과 밀접하게 연결된다. 목적 행동은 생명을 정의하는 특징들 가운데 하나이지만, 살아 있는 계(界)가 전체로서 작동할 때만 가능하다.

생물학적으로는 살아 있으면 생명이 있고, 죽었으면 생명이 없다고 생각되겠지만, 생명의 특성에서 보면 다른 의미다. 좀 더 중간 상태에 놓인 생명 비슷한 것들, 예를 들어, 바이러스는 엄밀히 말하자면 스스로 번식할 수 없고, 오직 살아 있는 생물의 세포에 들어가서 세포의 대사를 탈취해야만 번식을 할 수 있다. 이런 점에서 바이러스는 생명의 특성을 가졌다고 보기 어렵다.

따라서 생명의 특성은 단지 살아 있는 것 이상이다. 어떤 기계적이고 물리적인 활동이 아니라 생명의 활동에서 영혼이 깃들어 있고, 또한 이성적 판단과 행동이 포함되어 있다. 아울러 생명은 혼자가 아닌 공동체 또는 집단의 특별한 합목적성을 가능하게 한다. 생명의 특성은 '의도가 깃든' 존재로서의 특별한 목적을 공유하게 한다.

생명의 가치는 '관계'

생명의 가치는 무엇일까? 한마디로 '관계'다. 생명은 생장하고 정보를 담아내며 최소 단위로부터 물질대사를 통해 에너지와 늘 새롭게 하는 특성을 통해 새로운 가치들을 창출해 낸다. 생명의 가치는 관계하는 방식을 통해 서로 영향을 주고받는다. 생명의 특성에서 발견하는 서로의 영향은 꼭 무엇인가를 의식하고 의지적으로 특정 행동을 해서가 아니라 자연스럽게 그런 관계 속에 속하게 되는 것이다. 꼭 산소를 공급하는 특별한 장치를 착용해야 생명이 유지되는 것이 아니라, 의식하지 않고 숨을 쉬는 것만으로도 생명은 유지되고 또한 무언가 새로운 가치들이 연결되는 자연스러운 관계가 형성된다.

생명이라 불릴 수 있는 성질은 다음과 같다. 첫째, 모든 생명체는 생장하고 증식한다. 생장은 크기나 부피가 커지는 것이고, 증식은 생명체의 수가 늘어나는 것이다. 둘째, 모든 생명은 DNA나 RNA 같은 유전물질을 가지고 있으며, 이 유전물질은 정보를 담고 있다. 셋째, 생명은 세포라는 최소 단위로 구성되어 있다. 세포막은 내부와 외부를 구분하는 경계다. 넷째, 생명체는 환경 자극에 반응한다. 빛, 화학 물질, 진동, 온도 변화 등에 민감하다. 다섯째, 생명체는 물질대사를 통해 에너지를 생성하고 소비한다. 물질대사라는 과정 즉 외부에서 들여온 물질을 이용해 에너지를 만들어 내고 그 에너지를 쓰며 살아가는 과정이다. 마지막으로, 생명체는 스스로 복제하고 항상성(homeostasis)을 유지하여 내부 환경을 안정적으로 조절한다(정우현, 2022).

하버드 대학교 정치철학 교수로서, 우리에게 '정의란 무엇인가'에 대한 강의로 잘 알려진 마이클 샌델(Michael Sandel)은 저서 『완벽에 대한 반론(The Case against Perfection)』에서 생명이라는 존재를 하늘에서 내려 준 선물이라고 인식했다. 이는 인간에게 주어진 생명의 모습이 기대하던 바가 아니었다고 하더라도 그것을 운명적으로 받아들이겠다는 자세를 강조하는 말이다. 여기에서 생명을 조건 없이 받아들이고 사랑할 수 있는 성찰과 결단이 나올 수 있다. 생명을 단순히 생물학적 지식으로 이해하기보다는 삶을 대하는 하나의 방식으로 선택하는 것이다. 생명의 가치는 우리가 삶을 대하는 방식에 따라 생명에 부합할 수도, 반할 수도 있다.

'가치 있다'라는 말은 '생명에 유용하다'는 뜻이다. 가치 있고 유용한 것은 그 기능을 다해 인간을 생명으로 이끌어 준다. 생명으로 끄는 힘이 손실되거나 생명에 유해한 방향으로 이끄는 힘이 강할수록 그 가치는 감소된다.

생명의 정반대 방향으로 이끄는 힘이 강할수록 물건은 무가치하고 유해한 것이 된다(Ruskin, 1986).

생명의 가치를 구현하는 것은 단지 정책 당국자나 기업의 경영자에게만 해당하지 않는다. 기업의 제품과 서비스를 구매하는 소비자도 얼마든지 생명 가치의 소비 활동을 실천할 수 있다. 그런 면에서 자신에게 질문을 던져 볼 필요가 있다.

나는 제품과 서비스를 구매할 때 어떤 목적으로, 어떤 기대로 돈을 지출하는가?

나는 소비자로서 기업에 어떤 가치를 요청할 것인가? 기능, 편리함, 성능이 전부인가?

나는 나의 소비 활동에서 앞으로 생명의 가치를 실천할 의지가 있는가?

참고문헌

두산백과 두피디아. 자연선택.

정우현(2022). 『생명을 묻다: 과학이 놓치고 있는 생명에 대한 15가지 질문』. 이른비.

Margulis, L. & Sagan, D.(1995). *What is life?*. 김영 옮김(2016). 『생명이란 무엇인가?』. 도서출판리수.

Monod, J.(1970). *Le Hasard et la Necessite*. 조현수 옮김(2010). 『우연과 필연』. 궁리.

Nurse, P.(2020). *What is Life?: Understand Biology in Five Steps*.

이한음 옮김(2021). 『생명이란 무엇인가?: 5단계로 이해하는 생물학』. 까치.

Ruskin, J.(1986). *Unto this last and other writings*. Penguin classics. 곽계일 옮김(2018). 『존 러스킨의 생명의 경제학: 나중에 온 이 사람에게도』. 아인북스.

Sandel, M. J.(2007). *The Case against Perfection: Ethics in the Age of Genetic Engineering*. 이수경 옮김(2016). 『완벽에 대한 반론』. 와이즈베리.

03
생명 경제로의 전환

전통적 경제학은 합리적 또는 효용 관점의 이론적 기반을 갖추고 있다. 생명과 경제라는 용어는 낯선 조합이다. 더욱이 AI의 상용화가 가속화되면서 인간의 존재와 수많은 생명에 대한 관심이 다시 부각하고 있다. 이제 기존의 효율 중심 경제에서 생명 경제로의 전환이 필요하다. 생명 경제학은 인간의 정신과 영혼을 담고 있으며, 뜨거운 사랑의 피가 흐르는 인간의 경제학이다. 경제적 논리에서 우선시해야 할 것은 인간과 생명이다.

생명 경제학이란

경제학 용어에 생명이라는 말이 붙는 것이 매우 생소할 것이다. 왜냐하면 생명이라는 말이 경제학과 어울리는 단어 조합이 아니기 때문이다. 생명이라는 말은 의학이나 생물학 또는 생명공학 분야의 단어로 이해되기 때문이다. 오히려 경제학에는 '합리적'이라는 말이 어울린다. 전통적 경제학 이론은 소비자는 '합리적으로 선택을 한다'라는 데에서 출발하였기 때문이다. 경제 개념에서의 '합리적'이라는 말과 '생명'이라는 말은 어울리는 단어의 조합이 아니다.

경제학에서 가장 중요한 개념은 효용(utility)이다. 이 개념은 우리가 물건을 소비할 때 얻는 만족이나 행복을 뜻한다. 경제학에서는 사람들이 필요한 재화 · 서비스를 시장으로부터 얻을 때 가격에 대한 효용을 계산해서 경제지표로 삼는다. 이 개념에 따르면 사람들은 소비가 증가할수록 만족하고 행복해진다. 따라서 물건을 구매할 수 있는 소득이 증가하면 삶의 만족과 행복도 증가한다.

하지만 최근에는 이러한 경제개발과 성장 논리에 의구심을 갖는 사람들이 늘어났다. 사회적 생산과 재화가 늘어나면 행복해진다던 경제학의 함수와는 달리, 경제적 불평등은 커지고 기후 위기는 갈수록 심화하며 심지어 인간을 포함한 수많은 생명이 멸종 위기에 직면해 있다. 경제학은 가치중립적인 과학의 학문이라고 주장하지만, 실상은 허황한 욕망을 부추기는 탐욕의 학문이라고 비판받고 있다.

도넬라 메도즈(Donella Meadows)는 저서『성장의 한계』에서 '경제성장은 인류가 찾아낸 가장 어리석은 목표'라고 비판했다. 기후 위기의 사회구조적 토대는 시장경제 체제의 대량 생산과 대량 소비, 대량 폐기에 있다는 점을 강조하고 있다(Meadows et.al., 2004).

물론 이러한 주장은 경제성장의 부정적인 면만을 부각한 면이 있겠으나 그런데도 기후 위기와 코로나는 경제성장과 성장주의에 대한 비판적 인식이 재확산되는 계기가 되었고, 탈성장에 대한 담론이 시장경제 체제에 근본적인 문제를 제기하였다.

GDP 증가로 대표되는 경제성장 지표는 개인과 사회의 행복을 보장하지 못하고 있으며, 시장경제 체제의 전환이라는 사회구조적 이슈는 새로운 생각의 전환을 요구하고 있다. 오늘날 우리에게 요구되는 것은 사회구조적 불평등과 기후 위기 해결을 위한 새로운 사회의 재구성이다. 이러한 사회경제적 변화는 시장경제 체제로 대표되던 욕망과 탐욕의 가치에서 벗어나야 하는 일이다

(장동현, 2021).

산업혁명으로 최성기를 구가하던 영국 빅토리아 시대의 예술비평가요 사회사상가인 존 러스킨(John Ruskin)은 저서『Unto This Last(나중에 온 이 사람에게)』를 통해 생명 경제학에 대한 이론을 설명하였다(Ruskin, 1986). 러스킨은 이 책에서 애덤 스미스에서 토머스 맬서스, 데이비드 리카도, 존 스튜어트 밀로 이어진 자본주의 정통 경제학의 전제조건들을 정면으로 부정한다. 그는 인간이 추구해야 할 유일한 부는 생명이고, 이 부를 얻기 위한 선결 조건은 정직과 애정이라고 주장한다. 이는 모든 당사자가 저마다 자기 이익을 꾀한다고 가정하면서, 이기적 인간들이 만들어 내는 '보이지 않는 손'의 역할을 낙관한 정통 경제학과는 전혀 다른 접근이다.

러스킨에게 진짜 경제학은 생명을 향해 나아가는 물건을 열망하고, 그 때문에 일하도록, 그리고 파멸로 이끄는 물건을 경멸하고 파괴하도록 국민을 가르치는 학문이다. 단지 경제적 논리라는 데에 전적으로 반대되는 견해다. 자본도 얼마나 자본 효율성이 있느냐의 관점보다는 생명에 유용한 어떤 물건을 공급하느냐, 생명을 보호하는 어떤 구조물을 짓느냐를 기준으로 봐야 하며 그런 일을 하지 않는 자본의 증식은 의미가 없다고 역설한다.

이런 의미에서, 가장 부유한 나라는 최대 다수의 고귀하고 행복한 사람을 양성하는 나라이고, 가장 부유한 사람은 자신의 생명 기능을 최대한 완벽하게 하여 그 인격과 재산으로 다른 사람들의 생명에 유익한 영향을 최대한 널리 미치는 사람이다.

그는 진짜 경제학은 '인간의 정신과 영혼이 담겨 있어야 한다'라고 강조한다. 죽음에 맞선 생명의 경제학은 인간의 뜨거운 사랑의 피가 흐르는 인간의 경제학이라고 주장한다. 지금까지는 실용의 경제 이론 중심의 경제·경영 논리가 지배적이었다. 경제적 논리에서 더 우선해야 하는 것은 인간이고, 생명이다.

생명 경제로의 전환

자크 아탈리(Jacques Attali)는 코로나 팬데믹이 인류에게 이전의 삶의 방식을 되찾게 할 수 있을까에 대한 의문을 던지면서, '이기주의적 생존 경제'에서 '이타주의적 생명 경제'로의 전환을 주장하였다(Attali, 2020). 이 연구에서는 공중보건의 중요성 관점에서 정치적, 사회적, 경제적, 생태적으로 완전히 새로운 시대가 되었다고 바라본다. 팬데믹은 생존의 이슈에 대해 죽음과의 관계에서 인간이 개별적 죽음을 넘어서서 집합적 죽음에 직면하게 했다고 이해하고 이에 맞는 새로운 전환이 필요한데 그것은 생명 경제 중심일 때 가능하다고 주장한다. 즉 시장의 논리에만 갇혀 있는 기존의 상식을 넘어서는 생명 경제의 논리다.

생명 경제는 환경과 기후 변화 최소화에 중요한 역할을 하는 중심이며, 탄소 절감 에너지 및 생물 다양성 보호를 통해 전염병 확산을 방지하 데 필수적이다. 특히 산림 파괴, 야생 영역 축소 등은 질병의 확산 위험도를 높이기에 국토 개발과 관련한 법적 장치를 통해서 보다 적극적으로 생물 다양성 보호, 동물 존중, 유기농업의 구체적인 발전, 토양 인공화 방지 등에 노력해야 한다.

또한 AI의 위협이 인간에게 현실화할 경우, 팬데믹과 마찬가지로 인간 개인의 죽음 차원에서 인간의 집합적 죽음의 차원으로 확장 해가는 과정에서 생명 경제의 확립은 인간 생명에 대한 가치를 기준으로 그 해결책을 모색하게 할 것이다.

기존의 표준 경제학과 다른 관점의 생명 경제의 논리는 경제 과정을 다르게 이해한다. 생산 과정은 유입(inflow)과 유출(outflow)의 과정이다. 생산 과정 외부에서 유입된 것이 과정 내부의 변형을 거쳐 다시 외부로 유출되는 과정이기 때문이다. 여기서 물질과 에너지는 생산 과정의 외부에서 내부로 다시 내부에서 외부로 끊임없이 이동한다(이상호, 2008). 그러므로 이 과정은 내부와 외부를 분리하는 경우 정확히 이해되기 어렵다. 더구나 생산 과정은 단순히 양적 변화에 그치지 않고, 질적 변화까지 동반한다는 점에서 양적 변화에 국한된 분석으로는 이 과정이 제대로 이해되기는커녕 오히려 방해받기 쉽다.

생명 경제학은 표준 경제학과 달리 생산 과정을 외부에서 내부로, 다시 내부에서 외부로 물질과 에너지가 끊임없이 흐르는 과정으로 본다. 이 과정에서 내부와 외부, 투입과 산출은 개념적으로만 구별될 뿐 이산적이지는 않다. 그러나 표준 경제학은 생산함수를 연속되지 않고 서로 단절되는 값을 갖는 데이터로서의 이산적 구별(discretely distinct) 변수들로 설명한다. 그래서 생산 과정의 외부와 내부, 투입과 산출을 명확히 구별할 뿐 아니라 완전히 독립된 이산적인 것으로 취급한다. 그렇지만 생산 과정에서 산출은 내부에서 외부로 이동하며, 투입은 그 반대 방향으로 이동한다는 점에서 생산 과정의 내부와 외부는 구별될 수 있을 뿐 완전히 독립된 것은 아니다. 게다가 동일 대상이 투입이자 산출로 존재할 수 있다는 점에서, 투입과 산출 또한 완전히 독립된 범주도, 양자 사이에 양적 차이만 존재하는 것도 아니다.

기업 경영에서의 생명 경제 원리는 생명의 의미를 적용하여 기업의 내부와 외부적 경영 활동에 대한 유기적 통합을 이루는 것을 의미한다. 즉 어느 한쪽이 다른 한쪽의 부수적이거나 보조적인 수단이 아니라 기업의 활동이 기업 내부와 외부를 통합하여 이윤을 창출해야 하고, 기업의 이해관계자 모두에게 생명의 가치를 전달할 수 있는 것을 의미한다. 기업은 생산 활동을 통해 생존과 발전을 추구하면서도, 사회적 책임과 환경 위기에 적극적으로 대응하는 책임 경영을 균형 있게 실천해야 한다. 이는 이윤 추구 과정에서 기업 외부와의 관계 속에서 책임 있는 경영으로 통합되는 것을 의미한다. 기업 경영은 유입(inflow)과 유출(outflow)의 균형 있는 통합으로 공동체와 함께 살아 있는 생명 경제로의 전환을 이룰 수 있다.

오늘날 기업 경영에서 '더블 바텀 라인(DBL, Double Bottom Line)'의 개념이 바로 이런 의미를 담고 있다. 더블 바텀 라인은 경제적 수익(first bottom line)과 사회적 가치(second bottom line)의 두 가지 성과를 함께 추구하는 경영이다. 이는 기존의 경제적 가치인 이윤만 추구하는 '싱글 바텀 라인(single bottom line)'에서 벗어나

유입과 유출의 균형을 꾀한다. 따라서 기업은 이제 더는 외부적인 환경을 부수적인 수단으로 취급하지 않아야 한다는 것을 의미한다.

기업 경영은 생명의 가치를 존중하고 보호하며 장려하는 방향으로 전환되어야 한다. 생명의 가치를 반영한 제품을 생산하고, 공동체를 파괴하는 나쁜 영향을 미치는 기업 활동을 지양해야 한다. 이는 실용만을 최우선 가치로 삼는 경제 논리에서 소외되었던 생명의 경제로의 패러다임 전환을 의미한다. AI 시대의 패러다임 변화에 따른 경영과 비즈니스의 방향은 '싱글 바텀 라인'적 사고에서 전환하여 사회와의 균형 속에서 기업의 이익을 창출하는 '더블 바텀 라인'의 비즈니스 모델을 제시할 수 있어야 한다(Lee, 2022).

AI와 기후 위기 시대 기업은 새로운 변화와 도전 앞에서 있다. 비즈니스와 경영의 결과와 과정에서 그동안 이론의 여지가 없었던 성과, 효율, 생산성이라는 '결과 중심'의 명제로부터 이제는 제품과 서비스를 생산해 내는 과정에서 어떤 중요한 속성을 내포하고 있는가 하는 '과정 중심' 관점으로 변하고 있다(이완형, 2022). 이 과정의 핵심에 '생명' 관점이 놓이고, 그 결과도 '생명' 관점에서 평가되고 피드백되어야 한다. 이것이 AI 시대 우리가 지향해야 할 경영의 과제다.

참고문헌

신중섭(2013). 도덕감정과 이기심 – 아담 스미스를 중심으로. ≪철학논총≫, 73권 3호, 109–133쪽.

이갑두(2020). 칼빈의 신앙과 경제윤리 그리고 제네바의 변혁의 관계. ≪로고스경영연구≫, 18권 4호, 1–26쪽.

이상호(2008). 조지스큐–로이젠(N. Georgescu–Roegen)의 생명경제학과 플로우–펀드 모델. 경제학연구, 56권 4호, 195–221쪽.

이완형(2022). 생명경제개념의 도입과 생명가치 기업경영으로 전환. ≪로고스경영연구≫, 20권 4호, 113–134쪽.

장동현(2021). 탐욕의 경제를 넘어 생명의 은총으로, 신앙으로 일구는 생명의 경제, ≪News&Joy≫, https://www.newsnjoy.or.kr/news/articleView.html?idxno=303499

Attali, J.(2020). *L'economiede la vie.* Librairie Artheme Fayard. 양영란 옮김(2020). 『생명경제로의 전환』. 한국경제신문.

Lee, Wan–Hyung (2022). A Study on Humanity Management: Theory and Model. *Journal of Global Business and Trade.* 18(4), pp. 75–89.

Meadows, D. et al.(2004). *The Limits to Growth.* Chelsea green publishing. 김병순 옮김(2021). 『성장의 한계』. 갈라파고스.

Ruskin, J.(1986). *Unto this last and other writings.* Penguin classics. 곽계일 옮김(2018). 『존 러스킨의 생명의 경제학: 나중에 온 이 사람에게도』. 아인북스.

04
정당하고 옳은 것의 뉴 노멀

비즈니스에서 '옳다'는 명제는 그동안 주로 논의되던 주제가 아니었다. AI가 상용화되는 이 시대에 '옳다는 것의 기준'은 무엇인가? 경영에서의 '옳은 비즈니스'는 무엇이어야 하는가? 전통적 경제학에서 기본 가정인 합리적 선택에 대해, AI 시대의 합리적 선택은 무엇인가에 대해 논의한다. AI 시대에 요구되는 옳은 비즈니스는 무엇인가? 전통적 관점의 합리적 선택은 이제 옳은 것을 대신할 수 없다. 비즈니스의 새로운 기준은 정당하고 옳은 비즈니스를 말한다.

신종 우생학

우생학 논쟁은 역사적으로 매우 큰 논란을 가져왔다. 우생학은 종의 개량을 목적으로 인류를 유전학적으로 개량할 것을 목적으로 여러 가지 조건과 인자 등을 연구하는 학문으로 1983년 영국의 프랜시스 골턴이 처음으로 창시한 이론이다. 이미 고대 그리스시대 플라톤은 『국가』(기원전 380년경)에서 우생학적인 주장을 하여, "가장 훌륭한 남자는 될 수 있는 대로 가장 훌륭한 여자와 동침시켜야" 하며, 이렇게 태어난 아이는 양육되어야 하지만, 그렇지 못한 아이는 "내다 버려야 하며, 고칠 수 없는 정신병에 걸린 자와 천성적으로 부패한 자는 죽여 버려야 한다"라고 주장했다.

시간이 흐름에 따라 달라진 가문들도 있으나 로마 시대에도 스스로 우월성을 주장하며 평민들과 섞이길 거부한 파트리키(고대 로마를 다스리던 귀족 계급) 가문들이 있었으며 귀족주의자들은 생각보다 아무렇지 않게 천한 그리스인들이나 로마인들을 학살하는 것을 정당화하였다. 우생학의 결정적인 폐해는 세계 2차 대전 나치의 대학살에서 정점에 이르러 우생학에 대한 학술적 이름도 유전학이라는 이름으로 변경되기에 이른다(위키백과).

AI의 지능화가 가속화할수록 문제가 되는 이슈는 윤리다. 인공지능은 심층 학습이 가능하다는 것이 장점이지만, 한편으로 단점이다. 데이터의 양과 질이 높을수록 예측 가능성이 커지지만, 기술 개발자의 의도가 충분히 반영될 수 있다는 점에서 편향되거나 악용될 여지가 있다(이완형, 2023).

윤리적 문제의 핵심 이슈 중 하나는 생물학과 의학계에서 상용화 단계에 있는 '유전자 가위'다. 유전자 가위는 DNA 특정 부위를 인식하고 절단하는 분자생물학적 도구다. 이 도구의 기본 작동 원리는 특정 표적 위치의 DNA를 정확하게 절단하는 것이다. 절단된 DNA는 세포에서 수선되며, 이 과정에서 다양한 유전적 변이가 발생한다. 유전자 가위를 이용해 동식물의 유전자를 잘라 내거나 이어 붙여 원하는 형질을 만들 수 있다(네이버 지식백과).

문제는 사람을 대상으로 하는 연구이기에 민감성이 있다는 것이다. 유전자 가위를 이용하여 혈우병과 같은 유전병을 사전에 차단해 건강한 아이가 태어나도록 하고, 임신이 어려운 여성의 불임을 치료할 수 있지만, 이는 인간이 원하는 대상을 마음대로 조작하고 만들어 낼 수 있다는 윤리적 문제를 초래한다.

인간과 기계의 미래 생태계에 대한 놀라운 통찰력을 제시한 책이 있다. 인터넷 공동체를 통해 사회와 문화의 혁신 운동을 주도하고, ≪뉴욕타임스≫, ≪이코노미스트≫ 등 여러 곳에 글을 발표하는 세계 최고 권위의 테크 칼럼니스트, 케빈 켈리(Kevin Kelly)의 저서 『통제 불능(Out of control)』에서 기계의 지능화가 이루어지면서 발생할 여러 이슈에 대해 혜안을 제시하였다. 생명체의 논리를 기계에 그대로 적용한다는 발상은 경이로움을 일으키는 것으로, 태어난 것과 만들어진 것이 결합할 때, 그 구조물은 스스로 학습하고, 적응하며, 치유하고, 진화할 수 있게 된다. 그런데 이는 인간이 상상조차 못 했던 막대한 능력이다. 수백만 가지 생물학적 기계들의 집합적 힘은 언젠가 인간의 혁신 능력에 필적하거나 넘어설지 모른다. 그러나 인간의 혁신은 작은 요소들이 끊임없이 상호작용하며 창출한다. 느리지만 폭넓은 창조력은 인간의 혁신 능력이다. 만일 생명의 힘을 기계에 주입하게 되면, 우리는 기계에 대한 통제력을 상실할 위험이 있다. 기계들은 야생성을 갖추게 되고, 그 결과 예측 불가능한 존재로 변할 수 있다. 인공적으로 만들어진 세계는 자연스럽게 태어난 세계와 비슷해질 것이며, 자율적이고 적응적이며 창조적인 특성을 갖추게 되어 통제할 수 없는 세계가 된다. 이는 매우 중대한 변화를 의미한다(Kelly, 2019).

통제 불능한 상황으로 나아간다면, AI를 통해 혜택을 얻기보다 인류와 지구 생명체 전체의 생태계를 조작함으로 인해 돌이킬 수 없는 재난을 초래할 수 있다.

이는 단지 생물학이나 의학계만의 문제가 아니라 우리가 향유하고 있는 모든 영역에서 AI의 목적과 효능이 무엇이어야 하는가에 대한 각성과 논의가 분명히 우선되어야 함을 일깨우고 있다.

옳은 비즈니스

2004년, 당시 유엔 사무총장이었던 코피 아난(Kofi Annan)은 전 세계 주요 기관투자자와 최고경영자 50여 명에게 서한을 보내 유엔이 후원하고 국제투자공사(IFC) 및 스위스 정부가 지원하는 사회적 책임투자 관련 공동 이니셔티브에 참여할 것을 요청하였다. 그로부터 1년 후 공동 이니셔티브는 그 유명한 "돕는 자가 이긴다(Who Cares Wins)"라는 보고서를 발간하여 자본 시장에 환경 · 사회 · 지배구조 요인을 가미하면 기업에 의미있는 비즈니스가 되는 동시에 더 지속 가능한 시장을 만들고 사회적으로도 더 나은 결과를 끌어낼 수 있다고 강조하였다.

유엔(UN) 글로벌 콤팩트 보고서(UN The Global Compact)에서는 자본 시장에 환경, 사회, 지배구조 요인을 가미할 것을 요청하고 있다. 이 보고서에서 제시하는 투자의 방향은 명확하다. 그것은 비즈니스가 이제는 '의미 있는 비즈니스'이어야 한다는 것인데, 의미가 있다는 것은 지속 가능한 것을 말하고, 지속 가능하다는 것은 기업이 경쟁에서 이겨서 일등이 되어 시장에서 계속해서 이윤을 창출하는 것을 말하는 것이 아니라, 인류와 사회와 환경에 생존과 번영의 지속성을 제공할 수 있는 경영 활동이어야 한다는 의미다. 그래서 기업의 투자는 단지 이익을 극대화하는 것에서 나아가 지속 가능한 시장을 창출하고 지속 가능한 사회를 위한 투자여야 한다는 것이다.

그동안 기업의 투자 원칙은 사회와 환경 등 '의미 있는 비즈니스'를 고려하지 않았다. 그래서 투자에 대한 경영 효율을 분석할 때도 이와 같은 지표는 존재하지 않았다. 지금도 가장 많이 사용되는 투자 효율 지표는 투자수익율(ROI, Return on Investment)로 투자 효율성 평가에 널리 사용된다. 투자 성과 지표로서 초기 비용 대비 투자 수익성을 측정하여 기업의 투자가 잘 이루어졌는가를 판단하고자 하는 대표적인 지표다. 산출식은 투자 비용 대비 순이익이 얼마나 되는가를 비율로 측정한다.

그러나 이러한 재무적 요인만을 고려한 투자 효율에 비재무적 요인이 추가되고 있다. 즉 기업 경영에서 이제 재무적 요인만이 성과 측정 대상이 아니다. 따라서 '의미 있는 비즈니스'란 바로 비재무적 요인까지를 포함한 개념이다.

유엔(UN)은 세계적 기관투자자들과 함께 '사회적 책임 투자 원칙(PRI, Principles for Responsible Investment)'을 발표하였는데, 여기에서 중요하게 여기는 원칙은 '책임 투자'다. 즉 재무적 위험(risk)뿐만 아니라 비재무적 위험(risk)까지 포함하여 평가하는 투자 개념이다. 이런 관점의 투자는 투자자가 직접 개입하여 기업의 긍정적 변화를 끌어내는 행동주의까지 포함하고 있는 것이고, 수익 극대화를 위해 기관투자자의 수탁자 책무(fiduciary duty)를 강조하고 있다는 점에서 전통적인 책임 투자와 다르다. 수탁자 책임 활동은 고객이나 수익자 등 타인의 자산을 관리하고 운용하는 수탁자로서 책임을 다하기 위해 수행하는 책임 투자와 의결권 행사 등을 의미한다. 기업의 변화는 반드시 책임 있는 행동으로 이어져야 한다는 것이다. 이러한 사회적 책임 투자 원칙은 최근 ESG(환경 · 사회 · 지배구조) 경영으로 발전하였다.

사회적 책임 투자 원칙에서 요구하는 투자 원칙은 기존의 투자 원칙과 크게 다르다. 첫째, 의사 결정 시 ESG 이슈를 분석하여 반영해야 한다. 둘째, 자산 보유 정책과 실천에서도 ESG 이슈를 포함하는 능동적 자산보유자가 되어야 한다. 투자 대상에 대해 이러한 새로운 사회적 이슈들에 관한 적절한 정보 공개를 요구하고, 원칙 이행의 효과적 개선을 위한 협력을 촉진하며, 원칙 이행에 대한 세부 활동과 진행 상황을 보고하도록 한다.

이러한 국제사회의 움직임은 지속 가능성을 기업의 문제뿐 아니라 인류 공동의 문제로 인식하고 있다. 이에 따라 기업 경영도 더 이상 자기 기업만의 문제가 아니라는 인식을 강력히 요구하고 있다. 기업의 지속 가능성은 기업의 가치 체계와 비즈니스 수행에 대한 원칙이 정확히 확립되고 이에 근거한 접근 방식이어야 한다는 공감대를 형성해 나가고 있다.

아울러 유엔 글로벌 콤팩트는 기업의 지속 가능한 경영을 위한 10대 원칙(The Power of Principles)을 제시하였다. 이 10대 원칙은 세계인권선언, 국제노동기구의 기본 원칙과 직장에서의 권리에 관한 선언, 리우 환경 및 개발에 관한 선언, 그리고 유엔 부패 방지 협약에서 유래되었다. 10대 원칙은 크게 네 가지 분야로 나뉘어 있다. 인권, 노동, 환경, 반부패다. 이에 관한 내용을 소개하면 다음과 같다.

- 인권

원칙 1: 기업은 국제적으로 선포된 인권의 보호를 지지하고 존중해야 한다.

원칙 2: 인권 침해에 연루되지 않도록 한다.

- 노동

원칙 3: 기업은 결사의 자유와 단체교섭권의 효과적인 인정을 지켜야 한다.

원칙 4: 모든 형태의 강제 및 강제노동을 근절한다.

원칙 5: 아동 노동을 효과적으로 폐지한다.

원칙 6: 고용과 직업에 대한 각종 차별을 철폐한다.

- 환경

원칙 7: 기업은 환경 문제에 대한 예방적 접근을 지원해야 한다.

원칙 8: 더 큰 환경 책임을 증진하기 위한 이니셔티브를 수행한다.

원칙 9: 환경 친화적인 기술의 개발과 확산을 장려한다.

• 반부패

원칙 10: 기업은 착취와 뇌물을 포함한 모든 형태의 부패에 맞서 일해야 한다.

이러한 선언과 원칙은 단순히 유엔의 권고 사항 이전에 인류가 함께 공존하기 위해서 기업이 어떤 역할을 하는 실체(entity)여야 하는가를 분명하게 선언하고 있다. 단지 이윤 극대화를 위한 기업의 활동만으로 이제 더는 세계 속에서 생존하기 어려운 환경이 조성되었다고 보아야 한다. 제시한 인권, 노동, 환경, 반부패가 전혀 새로운 내용은 아니지만, 오늘날 이러한 원칙은 기업의 경영 활동에 구체적으로 반영되고 모든 생산과 판매 활동에서 토대를 이루어야 한다는 것을 의미한다. 기업의 경영 활동은 무엇에 근거해야 하는가에 대한 기본 방향을 제공하고 있다는 데에 의미가 매우 크다.

따라서 기업 비즈니스의 우선 가치는 '옳은 일(right thing to do)'이어야 한다(Camillus et al., 2017). 이는 비즈니스에 '선함(good for business)'을 기반으로 해야 하고, 이익을 창출하는 과정과 결과도 당연히 '선'해야 한다.

참고문헌

위키백과. 우생학.

이완형(2023). 『디지털 비즈니스 트랜스포메이션: AI · 기후위기 시대의 경영 이해』. 교문사.

Camillus, J. C. et al.(2017). *The Business of Humanity: Strategic Management in the Era of Globalization, Innovation, and Shared Value.* Routledge.

Kelly, K.(1994). *Out of control.* Basic Books. 이충호·임지원 옮김(2015). 『통제 불능: 인간과 기계의 미래 생태계』. 김영사.

UN Global Impact, The power of principles. https://unglobalcompact.org/what-is-gc/mission/principles

05
데이터 기반 AI 경영의 한계

최근 데이터 기반의 과학적 접근 방법이 중요해지면서 한 가지 딜레마에 빠진다. 그것은 데이터 기반 기술은 비즈니스의 '만능 키'인가 하는 것이다. 빅데이터 등 과학적 비즈니스 접근 방법에서 나타나는 한계를 살펴보면, 기업이 AI 등 기술적 접근을 하면서 놓치면 안 되는 본질은 결국 '사람'이다.

기업 경영과 기술

4차 산업혁명으로 인한 디지털 기술의 폭발적 혁신은 현재 모든 사회와 사람들의 삶에 큰 영향을 미치고 있다. 기술적 진보가 미래의 희망과 새로운 산업의 기대를 키우고 있지만, 한편으로 전 세계는 팬데믹 이후 물질 자본주의에 대한 심각한 반성과 함께 새로운 방향을 모색해야 한다는 데 어느 정도 공감대를 형성하고 있다. 제러미 리프킨(Rifkin, 2009)은 저서 『공감의 시대(The Empathic Civilization)』에서 인간 역사의 여정에서 주요 키워드로 공감(empathy)을 꼽았다. 이는 '공감 성장' 또는 '공감 자본주의(empathic capitalism)'로 사회 구성원 간 합의와 공감을 전제로 지속적인 성장을 추구한다는 의미다.

공감 자본주의는 경제적 약자 보호에 초점이 맞춰진 '온정적인 자본주의'를 의미하는 것이 아니다. 기존의 '고비용 저효율'인 사회를 '저비용 고효율'로 바꾸자는 뜻도 포함되어 있다. 즉 공감은 단순히 물질적 투입에 따른 성과 창출이나 제품과 서비스의 생산 및 이윤을 창출한 후 사회에 공헌하는 것과 같은 사후적인 개념이 아니다. 오히려, 기업 경영의 전 과정에서 '소비자, 사회, 인류의 생존과 함께'라는 큰 틀 속에 깊이 스며들어야 한다.

그동안 기술 경영에서의 기술은 기술 혁신이라는 관점에서 주로 이해되었다. 기술 발전으로 인해 기업은 새로운 제품 및 서비스를 할 수 있었기에 기술 혁신은 오늘날 기술 경영의 주요 키워드였다. 기술 혁신은 그동안 기업 경쟁력 또는 경쟁 우위의 요소로서 이해되고 적용되었다. 기업은 사회 속에서의 공감이라는 큰 틀에서 이해가 아니라 자기 기업 중심의 이윤 극대화를 위한 도구로써 기술 혁신을 적용해 왔다.

오늘날 기술 혁신의 중심에는 빅데이터를 활용한 인공지능이 있다. 그러나 인공지능에 대해서는 회의적 견해와 긍정적 견해가 팽팽하게 논의되고 있다. 회의적인 시각에서 인공지능이 인간에게 가져올 위협은 세 가지로 요약된다.

첫째, 빅 브라더 인공지능(AI the big brother)이 등장하여 인간의 능력을 능가하면서 인간을 지배할 것이라는 위협이다.

둘째, 인공지능 노동자(AI the labor)의 등장으로 인간 노동의 경제적 가치가 사라질 수도 있다는 불안감이 커지면서 그와 더불어 노동 기회의 불평등이 경제적 불평등으로 이어질 것이라는 위협이다.

셋째, 포스트 휴먼 인공지능(AI the posthuman)이 등장하여 인간 정체성에 위기를 가져올 것이라는 전망이다. 이는 인간의 생존을 위협하고, 휴머니즘에 기반을 둔 사회, 문화, 경제적 제도와 관습에 큰 충격을 주어 사회적 혼란을 초래할 수 있다는 우려를 포함한다(이정동 외, 2019).

그러나 이에 대한 다른 시각은 이러한 불안함과 위기의식을 '네오포비아(neophobia)'로 이해하기도 한다. 즉 대부분 사람이 가지고 있는 미지의 것에 대한 불안감이라는 것이다. 그래서 이런 전망들은 인공지능 자체의 부정적 특성에 의한 것이기보다는 오히려 현대 사회의 문제가 인공지능에 의해 표현된 것이라는 견해도 상당하다.

특히 디지털 경제에서 AI 첨단 기술은 기업의 생존과 변화의 주체자로서 인식된다. 기술에 대한 여러 의견이 팽배하게 논의되는 가운데, 기술은 첫째, 인간의 삶에 매우 가까이 존재하며, 둘째, 인간의 능력을 확장하는 도구이며, 셋째, 인간의 작품 중의 하나다(안연식, 2020). 즉 기술의 주체와 대상과 목적은 인간이 되어야지, 기술 자체가 아니라는 것이다.

기술에 대한 논의는 비단 경영학 분야에만 국한되지 않는다. 기술 철학 분야에서도 오래전부터 활발한 논의가 진행되어 오고 있다. 특히 기술 철학은 기술을 인간 존재의 관점에서 바라보고 있다. 최근 인공지능으로 인해 인간 존재론적 관점에서 기술에 대한 연구가 활발히 진행되고 있다. 기술 경영은 단순히 조직의 목표를 달성하는 것을 넘어, 인간 중심의 관점에서 기술과 경영을 바라봐야 한다. 이러한 접근은 기업과 사회를 변화시키고 국가 경쟁력을 향상할 것이다. 미래에 관한 기술의 약속은 불확실성으로 대체되었으며, 자연과 인간을 대상으로 하는 기술의 실험은 되돌릴 수 없는 파괴력을 가진다. 이제 우리는 인류의 미래가 보장되지 않는다는 것을 인식하게 되었다(김선희, 2012).

데이터 과학 접근 방법의 한계

기술 경영 특히 빅데이터 등 과학적 접근 방법의 한계를 분석한 연구에서는 기업이 기술적 접근을 하면서 가장 본질적인 '인간'의 특성을 고려하지 않은 데 그 한계가 있다고 본다.

미국 매사추세츠공대(MIT)의 경영 전문지인 ≪슬론 매니지먼트 리뷰(MIT Sloan Management Review)≫에 실린 의미 있는 연구가 있다. 데이터 과학 프로젝트의 다섯 가지 실수를 인도의 민간 은행 세 군데의 사례로 분석한 연구인데(Joshi et al, 2021), 이 연구에서는 많은 기업이 빅데이터, 인공지능, 머신러닝 등에 대규모 투자를 하고도 비즈니스 가치를 지속하여 창출하지 못하는 이유를 밝히고 있다.

첫째, 기술에 압도돼 비즈니스 맥락을 잡지 못하는 경우로 과학적 솔루션에 너무 집중한 나머지 비즈니스 가치를 발견하는 데는 실패했다. 기술을 사용하고 과학적 데이터의 근거를 바탕으로 한다고 하더라도 이는 비즈니스가 성공하는 것과는 별개다.

둘째, 소스의 편향성(bias)을 인식하지 못하는 경우다. 즉 데이터를 위한 정보 수집 과정에서 발생하는 편향성을 말한다. 데이터를 다루는 관점에 따라 결과가 달라질 수 있기 때문이다. 편향 방지 프로세스가 병행되어 검증되지 않으면 매우 심각한 문제가 야기될 수밖에 없다. 왜곡된 데이터를 기반으로 의사 결정이 이루어지기 때문이다.

셋째, 과학적 솔루션은 맞지만, 타이밍을 잘못 선택한 경우다. 데이터 과학과 비즈니스의 우선순위가 시기적으로 잘 부합하지 않으면, 개발된 모든 과학적 솔루션은 더는 유효하지 않게 된다. 아무리 과학적 분석 방법에 문제가 없더라도 비즈니스에서의 타이밍은 또 다른 문제

이기 때문이다. 결국 이를 해결할 대안은 사람에 있다. 분석은 정확하더라도, 비즈니스 타이밍의 연결은 또 다른 차원이라는 의미다.

넷째, 분석 기법이 적절하더라도 사용자가 올바르지 않은 경우다. 분석 기법을 통해 고객 맞춤형 신제품과 서비스를 제공했음에도 기대했던 새로운 사업 기회가 발생하지 않는 이유는 비즈니스 방법이 문제가 아니라 중심에 '사람'이 없기 때문이다. 데이터 과학 활동을 인간 중심 설계 프레임에 녹여 넣지 않으면, 아무리 좋은 기법으로 분석된 결과라도 고객이 받아들이기 어렵다.

이런 면에서 사람들이 겪는 불편함 또는 비즈니스 기회 포착 실패의 해결을 위해 인간 중심 관점으로 접근하는 창의적 문제 해결 방법인 디자인 싱킹(design thinking)을 통한 인간 중심의 비즈니스 설계가 필요하다. 디자인 싱킹은 틀에 박힌 패턴화된 솔루션이 아니라 상황에 유연한 솔루션을 가능하게 한다. 기술적 기법에 의존한 고객 맞춤이 아니라, 고객(사람) 자체에 초점을 둔 고객 맞춤이어야 한다.

다섯째, 물품이 고객에게 배송되는 마지막 단계인 '라스트 마일(last mile)'에서 문제가 발생할 수 있다. 이는 데이터 과학자와 비즈니스팀 간의 기대 불일치에서 비롯된다. 데이터 과학자가 예측한 대로 비즈니스 현장에서 그대로 구현되지 않는 경우가 많기 때문이다. 따라서 최종적으로 고객에게 전달되는 현장 상황까지 디지털 기술과 비즈니스팀 간의 공유와 협력이 필요하다.

데이터가 곧 비즈니스가 될 수 없는 이유는 첫째, 비즈니스 상황(context)과 사용자 니즈(needs) 사이의 이해 부족, 둘째, 수집한 데이터 질(quality)의 차이, 셋째, 데이터에 접근하는(access) 문제에 있다. 즉 이러한 실패의 원인에는 기술적 탁월함 이전에 비즈니스 전략들과 분석 솔루션에 의한 실행(implementation) 사이에 실제 문제 해결을 위한 개념적 갭(gap)이 존재하고 있기 때문이다(Ermakova et al., 2021).

따라서 데이터를 비즈니스에 활용하기 위해서는 비즈니스의 니즈 파악, 팀 구축, 필요한 인재, 기술 및 인증, 프로세스에서 이해관계자(stakeholders)의 참여, 문화 창출 등을 포함하는 데이터의 설정과 분석이 있어야 한다. 그래서 데이터가 데이터로서 존재하는 것이 아니라, 가치 있는 데이터로 비즈니스와 고객을 연결하는 통합적 실행이 중요하다. 데이터는 분석하는 양이 많을수록 좋은 것이 아니라, 데이터 분석을 통해 어떤 가치를 발견해 내느냐가 더욱 중요하다. 단지 첨단 기술적 기법을 동

원하는 것만으로 소비자 상황에 적용할 수 없다는 것을 의미한다.

이러한 한계를 극복하기 위해서 기술을 활용하는 경영에서는 다음의 측면을 고려해야만 한다. 첫째, 기술 공급자 입장에서 기술들이 발현되는 방향이 사용자 혁신(user innovation)과 지향점이 같아야 한다. 즉 기술을 사용하는 사람에 초점을 두어야지 기술 자체가 목적이 될 수는 없다는 말이다. 둘째, 기술 사용자 입장에서 사람들의 경험(user experience)에 중점을 두고 기술경영의 방향을 정해야 한다. 기술 집약적인 제품을 사용하는 사람들은 제품을 통해 자신들의 경험을 확장하기를 원한다. 단지 첨단의 기술을 획득하기 위해서 제품을 구매하지 않기 때문이다. 따라서 기술은 사람들의 경험을 풍성하게 하는 차원으로 적용되어야 한다. 셋째, 현재 당장 관련된 사람들뿐 아니라 미래의 사용자와 개발자 그리고 사회 전체까지도 고려해야 하는 사회 혁신(social innovation) 관점으로 접근해야 한다. 기술을 활용하고 적용하는 기업의 제품과 서비스는 단지 제품의 문제가 아니라 사회적 공감 및 가치와 연결되어야 한다(이완형, 2022).

따라서 기업이 AI를 활용하여 성공하기 위해서는 사

용자의 최종적인 욕구에 초점을 두어야 한다. AI 기술은 사회, 환경, 고객의 생명을 포함하는 통합적 차원으로 접근할 때 위험을 줄일 수 있다. 이를 통해 AI를 바람직하게 활용하여 지속 가능한 경영을 실현할 수 있다.

참고문헌

김선희(2012). 『과학기술과 인간 정체성』. 마카넷.

안연식(2020). 『기술경영』. 창명.

이완형(2022). 휴머니티 기술경영에 관한 연구: 경영과 기술 철학 관점에서. ≪무역연구≫, 18권 4호, 203-219쪽.

이정동 외(2019). 『공존과 지속: 기술과 함께하는 인간의 미래』. 민음사.

Ermakova, T., et al.(2021). Beyond the hype: Why Do data-driven projects fail?, ResearchGate.

Joshi, M. P., et al.(2021). Why so many data science projects fail to deliver. MIT Sloan Management Review. 62(3), https://sloanreview.mit.edu/article/why-so-many-data-science-projects-fail-to-deliver/

Rifkin, J.(2009). *The empathic civilization: The race to global consciousness in a world in crisis.* 이경남 옮김(2010). 『공감의 시대』. 민음사.

06
경영 방식의 변화와 기업 전략

기업의 경영 활동은 과거의 '만들고 판매'하는 방식에서 고객에 의해 유인되는 '감각과 반응'으로 변화되었다. 이는 기업 전략이 제품 중심에서 사람 중심으로 변화했음을 의미하며, 사람을 지향하는 것은 곧 생명 중심의 유연한 관점으로 변화해야 한다는 것을 의미한다.

비즈니스 환경의 변화

오늘날 디지털 전환의 가속화로 인해 경영이 직면한 환경에서는 단지 디지털 기술의 격차로 인한 경쟁력 차이가 기업의 생존과 성장을 결정하는 요인이 아니다. 오히려 사회적 양극화의 극단적 진행이 중요한 변수로 작용하고 있음을 인식해야 한다. 특히 코로나로 말미암아 새로운 국가주의가 등장하고 일자리와 이데올로기의 격차는 물론 사회적 빈부의 격차가 커졌고, 특히 디지털 기술을 선도적으로 활용하는 선진 기업과 그렇지 못한 기업 사이의 격차는 더욱 커지고 있다. 이는 마치 아바의 노래 제목처럼 '이긴 자가 모든 것을 취한다(The winner takes it all)'라는 상황을 연상시킨다.

AI 기술이 이를 더욱 가속하여 이기기 위한 기술 전쟁으로 치닫게 되면, 그 종말은 되돌릴 수 없는 치명적인 위해를 인류에 가할 수 있다는 사실을 잊지 말아야 한다. 디지털 전쟁은 자본가와 비자본가의 차이에 따라 승패가 명확히 갈리는 세상으로 우리를 떠밀고 있다.

이러한 현상에 따라 AI를 활용한 사람들의 삶의 형태는 더욱 다양하게 나타난다. 이를 잘 활용하는 그룹과 그렇지 못한 그룹 사이에는 극단적인 AI 양극화가 일어난다. 현재 글로벌 경제 환경을 둘러싼 우려는 고령화와 과학기술의 격차, 그리고 불평등이 더 심각한 상황으로 치닫고 있는 점이다. 특히 노인과 젊은이, 기술이 있는 사람과 없는 사람, 가진 자와 못 가진 자 사이의 분열은 더욱 심각한 사회문제가 되고 있다. 코로나 팬데믹은 이러한 현상을 더욱 가속했다. 전 세계적으로 비대면 · 언택트(untact) · 온택트(ontact) 방식이 확산하면서, 사람 간 접촉 없이 온라인을 통한 외부 연결이 더 쉽게 가능해졌다. 디지털 기술의 격차가 갈수록 커지면서 이러한 양상은 더욱 빠르게 촉진되고 있다(Davies, 2019).

기업 경영은 이전과 전혀 다른 새로운 국면에 접어들었다. 그러나 이러한 현상을 진단하고 새로운 경영 방향을 공론화하는 논의는 매우 미흡하다. 대부분의 논의는 AI 첨단 기술을 활용한 기술적 역량 극대화에 집중되어 있다. 특히 여러 산업의 주안점은 AI를 적용해 변화의 파고를 넘어 수익을 창출하는 방법에 치중되어 있다. 즉, AI가 산업에 미치는 영향과 이를 발전시킬 목적보다는, 경제적 효과를 극대화하는 방법, 경쟁에서 이기는 방법, 즉 '위너 테이크스 올(the winner takes it all)'을 향해 AI 기술 역량을 향상하는 데만 집중하고 있다.

오늘날 기술 발전과 기후 변화로 인한 역습에서 보듯이, 모든 역량을 경제적 승리를 위한 경쟁으로 치달은 결과 우리 사회에는 환경 파괴와 사회적 불평등 심화로 인한 인간성 혼란이 지속되고 있다. 우리는 인간의 이기심이 만들어 낸 오류를 명확히 목격하고 있다. 인간 중심의 경영은 이익 극대화를 위한 각종 전략과 정책 아래 동식물은 물론 자연 생태계를 훼손하고 파괴하는 문제의 심각성을 인지하지 못했다. 오히려 자연의 생명을 훼손하는 것도 경제적 이기심의 실현이라는 명제 아래 무시되어 왔다. 경영을 잘한다고 할 때, 이기심에 기초해 경쟁에서 이기는 방법을 찾지 못하는 경영은 대접받지 못하는 분위기가 수 세기 동안 지배적이었다.

그러나 환경은 변화하는 대로 적응해서 살아가면 되는 그런 단순한 외부 조건이 아니다. 환경은 그 환경 내에 사는 인간을 포함한 모든 생명체의 기본적인 토대로서, 환경에 심각한 변화가 생기는 경우 그곳에 적응하여 살아왔던 모든 생명체는 심각한 위기 상황에 놓이게 된다. 2019년 유엔(UN) 보고서는 지구 생물 중 50만~100만 종이 멸종 위기에 처해 있으며 야생 포유류 82%가량이 지구상에서 사라졌다고 발표했다. 지금까지 인류는 스스로를 가장 우월한 존재로 여기며, 자연과 동식물을 끝없이 욕망을 채우기 위한 수단으로 삼아 생태계를 마구 파괴해 왔다. 이러한 행위를 가능하게 한 근원으로 지목받는 것은 생명을 인간 우월적 시각에서 이해하는 인간 중심적 사고다(Taylor, 2020).

비즈니스와 사회 및 지구 생태계는 적대 관계가 아니다. 그동안에는 기업 경영에서 개혁의 중요성을 수없이 말해 왔지만 실천하기는 어려웠다. 아니 지금도 사회와 환경을 생각하는 경영으로 변해야 한다고 말을 하지만 이를 실천하기가 쉽지 않다. 그 이유는 첫째, 개혁으로 회사의 수익성이 떨어진다면 많은 경우 최고경영자(CEO)들은 개혁을 자발적으로 이행하지 않는다. 개혁을 이루겠다고 서명하더라도 실행으로 옮기지 못한다. 그러면 문제의 해결은 규제를 통해 기업에 강제하는 방법으로 일관되었다. 결국 규제를 통한 강제는 헌신이 아니라 마지못해 하는 규정 준수로 이어질 뿐이다. 둘째, 이윤이 감소하면 주주에게 해를 끼친다. 그래서 주식회사의 성격상 이윤이 감소한다면 개혁을 추진할 동력을 상실한다.

기업은 주주뿐만 아니라 사회 모두를 위해 존재하는 목적이 있다. 2019년 미국의 매출 상위 200대 대기업들이 참여하는 비즈니스 라운드 테이블(BRT, Business Round Table)에서 기업의 목적에 관한 성명을 발표하였다. 여기에서 "기업의 목적이 더는 주주 중심에 그치지 않고 사회 구성원 모두를 가리키는 이해관계자를 포함한다"라고 선언하였다(BRT, 2019). 조직 구성원 모두가 공동의 목표를 기반으로 장기적 관점에 집중할 때 주주, 노동자, 고객, 공급자, 환경, 지역사회, 납세자 등 모든 사람의 몫을 키우는 방식으로 가치를 창출할 수 있다.

따라서 투자자를 위해야 하는가 이해당사자를 위해야 하는가의 사이에서 양자택일할 필요가 없다. 투자자와 사회 모두를 동시에 선택해야 한다(Edmans, 2021). 이것이 '더블 바텀 라인(double bottom line)'이며, 윈윈(win-win) 방식이다. 이기는 자가 모두 가져가는 제로섬(zero-sum)의 논리가 아니라 모두가 함께 이기는 포지티브섬(positive-sum)을 향해 함께 머리를 맞대야 할 때다.

'만들고 판매'에서 '감각-반응'으로 변화

디지털 기술은 오늘날 기업의 전략 및 운영을 더욱 변화하게 하는 원동력이 되고 있다. 디지털화를 통해 기업은 과거의 '만들고 판매하는(make-and-sell)' 방식에서 '고객에 의해 유인되는 감각-반응(a sense-and-response)'의 유연하고 민첩한 조직으로 변화되었다(Korhonen & Marco, 2017).

기업 전략을 '만들고 판매하는(make-and-sell)' 방식과 '고객에 의해 유인되는 감각-반응(sense-and-response)' 방식으로 구분하여 변화의 요인을 살펴보면 다음과 같다.

첫째, '만들고 판매하는' 방식은 예측 가능하며 잘 정의된 시장(segment)에서 제품을 만들어 판매하는 효율적인 메커니즘으로서의 비즈니스를 의미한다. 반면에 '고객에 의해 유인되는 감각-반응' 방식은 예측할 수 없는 환경에서 예측하지 못한 요구에 응답하고 적응하는 시스템으로서의 비즈니스를 나타낸다.

수많은 데이터 분석을 통해 어떤 패턴화를 찾아 답을 찾고자 하는 AI 솔루션의 개념으로는 패턴화의 범주를 벗어나는 고객의 행동에 유연한 대응이 어렵다.

둘째, '만들고 판매하는' 방식에서는 반복이 가능한 프로세스와 교체가 가능한 부품, 그리고 표준적인 직무 정의가 중요시되지만, '고객에 의해 유인되는 감각-반응' 방식에서는 모듈형 제품 및 서비스와 사용자의 요청에 응답하는 연결형 모듈 기능이 중요하게 여겨진다.

특히 생명 가치 관점에서 이를 모두 표준적인 직무 성격으로 분류한다면, AI 시대 인간의 생명 가치는 하나의 교체 가능한 부품 정도로 인식될 것이다.

셋째, '만들고 판매하는' 방식에서는 규모의 경제

(economies of scale)가 강조되지만, '고객에 의해 유인되는 감각-반응' 방식에서는 범위의 경제(economies of scope)가 중점이 된다. 규모의 경제가 강조된다는 것은 일정 수준 이상을 생산해야만 단위당 생산비용을 절감할 수 있게 된다는 논리로 일정 수준 많이 판매하는 것이 중요한 개념인 반면, 범위의 경제가 강조된다는 것은 어떤 특정 제품의 판매 증가에 따른 단위당 생산비용의 절감이 아니라 고객의 요구와 그에 대한 반응으로서 다양한 제품이나 서비스를 통한 범위를 넓힘으로 인해 가져오는 경제적 효과가 중요하다는 것을 의미한다. 특히 디지털 경제의 개념에서 이러한 범위의 경제 효과가 가능해지는 이유는 디지털 기술적 효과(예를 들면 3D 같은 적층 가공을 활용하면 큰 비용 투자 없이 시제품 등 테스트가 가능함)가 비용 상승의 문제를 해결해 주기 때문이다.

규모의 경제 개념은 생명 가치를 실현하는 데는 한계가 있다. 왜냐하면 일정 규모 이상의 생산이 일어나야 하고, 일정 규모에 못 미치는 생명 가치에 대해서는 고객 서비스를 고려할 이유가 없기 때문이다.

넷째, 중앙집중식 계획은 '만들고 판매하는' 방식의 특징인 반면, '고객에 의해 유인되는 감각-반응' 방식에서는 공유 맥락에서의 분산된 결정이 이루어진다. 공유 차원에서의 분산적 의사 결정이 이루어진다는 것은 그만큼 고정화된 생산 방식이 아닌 고객의 다양한 요구에 대응할 수 있는 유연함을 가질 수 있다는 의미다.

생명 가치 실현을 위한 기업 경영에서 핵심은 각 생명을 존중하는 유연한 방식에 있다.

다섯째, 기능적이며 순차적인 활동은 '만들고 판매하는' 방식이지만, '고객에 의해 유인되는 감각-반응' 방식에서는 네트워크 및 병렬적인 활동이 이루어진다. 기능 중심의 계층 구조에 의한 단계별 활동이 아닌 병렬식 활동으로의 전환은 각 필요 기능의 유기적이고 복합적인 결합이 한 번에 이루어질 수 있는 통합적 접근을 향해 가는 것이다.

이러한 병렬식 활동은 '인더스트리 4.0'으로 일컬어지는 생산 체계의 새로운 패러다임에서 가능하다. '인더스트리 4.0'은 독일에서 처음 시작된 용어로, 사물인터넷을 통해 생산기기와 생산품 간의 정보 교환이 가능한 제조업의 완전 자동 생산 체계를 구축하고 전체 생산 과정을 최적화하는 제4세대 산업 생산 시스템을 말한다(이완형, 2023). 반면, '인더스트리 3.0'은 만들고 판매하는 방식으로, 기능 중심의 계층적 구조에 의한 순차적 활동에만 의존하는 규격화된 방식이다. 이는 고객보다는 기업 중심의 생산 체계다. 이러한 계층적 구조에서는 유연한 제품이나 서비스의 조합을 통한 생명 가치 실현이 불가능하다.

여섯째, '만들고 판매하는' 방식에서는 기능적으로 관리되고 최적화된 구조가 중요하지만, '고객에 의해 유인되는 감각-반응' 방식에서는 통합된 기업 전체 차원의 관리가 중시된다. 즉 기업 전체 차원에서 가장 합리적인 방법을 유기적으로 연결하고 찾아낸다. 생산의 계층 구조적 성격을 갖는 '만들고 판매하는' 방식에서는 각각의 단위에서의 합리성은 찾아낼 수 있겠지만, 전체적인 관점에서 바라보는 데는 한계가 존재한다.

일곱째, '만들고 판매하는' 방식에서 기업의 전략은 계획으로서의 전략(strategy as plan)으로 정의된다. 반면, '고객에 의해 유인되는 감각-반응' 방식에서의 기업 전략은 적응형 비즈니스 설계로서의 전략(strategy as adaptive business design)으로 정의된다. 계획에 의한 전략은 미리 정해진 계획을 변경하거나 계획에 변화된 상황을 반영하기 어렵다는 의미이지, 계획 자체가 필요 없거나 잘못되었다는 의미는 아니다. 그러나 적응형 비즈니스 설계 관점의 전략은 유연하여 상황에 맞게 행동

모듈을 조정할 수 있다는 의미다.

'만들고 판매'의 방식에서 '감각-반응'의 방식으로 패러다임이 바뀌었다는 의미를 잘 이해해야 한다. 한마디로 말하면, 제품 중심의 기업 경영에서 인간 중심의 기업 경영으로 바뀌었다는 의미다.

따라서 기업은 변화된 인간 중심의 경영 패러다임에서 고객이 추구하는 가치를 경영으로, 제품으로 담아내야 한다. 어떤 가치를 담고 있는 인간 중심의 제품을 만들어 낼 수 있을까? AI의 좋은 장비나 기기들을 보완한다고 AI 비즈니스가 가치 있는 경영으로 되는 것이 아니다. 기업이 제품에 담아내는 철학적 가치가 그대로 고객에게 전달될 수 있도록, 고객과 사회에 대한 접근 방식이 '감각과 반응'에 적절히 대응할 수 있을 조직 전체의 내부적 변화를 수반해야 한다. 그때 기업은 체계 전체적인 관점에서 AI 기술에 생명 가치를 담아낼 수 있다.

참고문헌

이완형(2019). 비즈니스 전략으로서 디지털 트랜스포메이션에 관한 연구: 유통의 '토탈 디지털 비즈니스 프레임 워크' 구축 전략. ≪유통경영학회지≫, 22권 3호, 85-99쪽.

이완형(2023). 『디지털 비즈니스 트랜스포메이션: AI·기후위기 시대의 경영 이해』. 교문사.

BRT(2019.8.19). Business Roundtable redefines the purpose of a corporation to promote 'An Economy That Serves All Americans'. www.businessroundtable.org.

Davies R.(2019). *Extreme economics.* 고기탁 옮김(2021). 『2030 극한 경제 시나리오』. 부키.

Edmans, A.(2020). *Grow the Pie.* 송정화 옮김(2021). 『ESG 파이코노믹스: 사회적 가치와 이윤을 동시에 창출하는 전략』. 매일경제신문사.

Korhonen, J. J. & H. Marco(2017). Enterprise architecture for digital transformation, 2017 IEEE 19th Conference on Business Information, pp.349–358.

Taylor, P. W.(2011). *Respect for nature.* 김영 옮김(2020). 『자연에 대한 존중: 생명 중심주의 환경 윤리론』. 도서출판리수.

07
AI 시대의 인간 시대 선언

AI 비즈니스에서 AI 기술을 최우선 가치로 추구한다면, 이는 기계적 관점에 불과하다. 오히려 AI 시대는 기술 시대가 아니라 인간 시대를 선언해야 한다. 기계는 동일한 레시피를 반복적으로 제공할 수 있지만, 동일한 레시피로도 다른 결과물을 창출하는 것은 인간만이 가능하다. 경영의 토대는 기술이 아니라 인간이다.

레시피가 같으면 똑같은 음식인가

최근 K-푸드가 전 세계적으로 열풍이다. 예를 들어 우리나라 식단에서 애용해 오던 김이 핫하다. 그동안 김의 독특한 향을 서구인들은 싫어했다. 그러나 지금은 완전히 달라졌다. 미국에 수출한 냉동 김밥이 마트 진열대에 내놓기가 무섭게 팔려 나가고 품절이 비일비재할 정도다. 김밥은 참으로 오묘한 음식이라는 생각을 가끔 하곤 한다. 왜냐하면 김밥에 들어가는 재료가 뻔하다면 뻔한데, 이상하리만큼 김밥을 만드는 사람에 따라서 재료가 비슷하더라도 맛이 전혀 다르기 때문이다.

우리나라의 음식에 관한 관심이 뜨거워지면서 글로벌 스타가 된 분이 있다. 바로 정관 스님이다. 정관 스님은 넷플릭스가 제작한 다큐멘터리 〈셰프의 테이블-시즌 3〉에 출연해 세계적인 주목을 받았다. 그의 출연분은 2017년 베를린국제영화제 컬리너리 시네마 부문에 초청됐고 에미상 후보에 오르기도 했다. 2015년 ≪뉴욕타임스≫는 '정관 스님, 철학적 요리사'라는 제목의 기사에서 "세계에서 가장 고귀한 음식을 만들고 있다"라며 찬사를 보냈다. 그의 손에서 빚어지는 사찰 음식은 '신한류'로 불릴 만하다. 분주하게 손을 움직이면서 정관 스님은 "나물이라는 게 그야말로 우리나라 음식이더라"라면서

"익힐 것은 익히고 절일 것은 절이고 간장 된장으로 무칠 것은 무쳐야 한다. 그렇게 밸런스를 맞춰 음식을 해야 몸에 약이 되는 것"이라고 설명했다. 정해진 레시피가 따로 없다는 것이다. 그는 "한 가지 방법으로만 요리한다면 죽은 음식"이라면서 "생명체는 자라는 것이기 때문에 계속 변화한다. 매일 요리 방법이 달라질 수밖에 없는 이유"라고 말했다. "식재료를 온전하게 이해하고 그에 맞춰 요리해야 한다"라고 거듭 밝혔다. "레시피가 있으면 틀에 박힌 고정된 음식을 만들어 낸다. 식재료는 그렇게 고정된 대상이 아니다. 식물은 땅을 의지해 뿌리박고 잎을 돋우고 꽃을 피우고 열매를 맺는다. 한 생명이 나고 죽기까지 한 생애가 담겨 있는 것이다. 저마다 고유 삶의 무게가 있다. 두릅은 두릅대로, 방풍나물은 방풍나물대로. 요리법이 달라질 수밖에 없다"(동아일보, 2019).

AI의 명과 암

알파고가 프로 바둑 기사 이세돌을 이긴 해는 2016년이다. 산업 현장에 인공지능이 본격적으로 들어온 것은 그 이후라고 봐야 하고, 특히 챗지피티(Chat GPT) 같은 생성형 인공지능은 이제 막 기업에서 적용을 시작하는 단계다. 국제결제은행(BIS)은 보고서에서 인공지능 투자가 소득 불평등을 키운다는 실증적 연구 결과를 제시하였다(Cornelli, et.al., 2023). 이 연구는 2010~2019년 86개국 사례를 조사했다. 결론적으로 인공지능 투자가 높을수록 상위 10%(10분위) 계층의 소득점유율이 높고, 하위 10%(1분위)와 중간 계층(5분위)의 소득점유율은 낮았다. 또한 인공지능 투자가 클수록 소프트웨어 등 서비스 수출도 규모가 컸다. 인공지능 투자는 노동 생산업뿐 아니라 근로자의 업무 능력, 자본 투자 금액, 기술도 등을 복합적으로 반영한 생산 효율성 수치인 총요소생산성 증가와도 연관이 있었다.

그리고 인공지능 투자와 고용 사이에는 음(-)의 상관관계가 있었다. 투자가 클수록 중급 기술직 노동자의 비중은 낮아지고 고급 기술직·관리직 비중이 높아졌다. 또한 인공지능 투자가 클수록 노동소득분배율이 낮았다. 국제결제은행 연구는 인공지능 기술에 대한 장단점을 명확하게 보여 준다. 장점은 경제의 질적 수준이 높아지는 것이다. 인공지능 투자가 클수록 총요소생산성이 높고 고급 기술직이 운용하는 서비스가 많으며 서비스 수출도 잘되는 경제이기 때문에 그렇다. 반면에 단점은 불평등이 확대된다는 것이다. 소득 상위와 하위, 자산가와 노동자 계층의 격차가 커진다. 자동화가 일자리를 줄여 불평등을 키운다.

인공지능이 불평등을 키우리라는 전망에는 반론도 있다.

첫째, 기술 수준이 아직 사람의 지적 활동을 대체하는 데는 다다르지 못했다는 반론이다. 너무 미리 걱정할 필요는 없다는 이야기다.

둘째, 사라지는 일자리도 있지만 새로 생겨나는 일자리가 더 많을 것이라는 반론이다. 과거 자동차가 처음 생겼을 때, 마부 일자리는 없어졌지만 자동차 산업에 더 높은 임금을 주는 일자리가 훨씬 더 많이 생겼다는 사실이 자주 언급된다. 이는 특히 '생산성 밴드왜건(Productivity Bandwagon)' 이론으로 뒷받침된다. 기술이 투입돼 생산성이 높아지면 오히려 일자리가 늘어난다는 이론이다. 노동자 한 명이 창출할 수 있는 가치를 높이면, 기업은 사람을 더 고용해 더 높은 가치를 만들어 낼 유인이 생긴다는 논리다. 기술 투자로 생산성을 높이면 고용이 늘어나고, 고용이 늘어나면 다시 생산성을 높이기 위해 기술 투자도 늘리면서 쏠림 효과가 일어난다는 것이다.

셋째, 꼼꼼히 들여다보면 기술이 완전히 대체할 수 있는 직업은 거의 없다는 반론이다. 기술이 대체하는 것은 직업이 아니라 직무, 즉 특정한 일의 한 단위이기 때문이다. 예를 들어 로봇은 외과 의사를 대신해 수술할 수 있다. 그러나 수술할 환자의 가족을 만나 가장 좋은 치료법이 무엇인지를 상담하고 설득하는 일은 대신하기 어렵다. 거동 불가능 와상(臥像) 환자를 주기적으로 안아 올려 자세를 바꿔 주는 일은 로봇이 대체할 수 있을 것이다. 그러나 환자의 표정이나 눈짓을 보고 그에게 필요한 처치를 생각해 내는 일은 오랫동안 로봇이 할 수 없는 일일 것이다.

이러한 세 가지의 반론 즉, 인공지능의 역할이 제한적이라는 것에 대한 재반박도 만만찮다. 첫째, 기술이 완전히 대체할 수 있는 직업이 없다는 반론에 대해서는, 챗지피티 등의 출현으로 창작 업무를 인공지능이 대체할 수 있게 된 점을 든다. 둘째, 사라지는 일자리도 있지만 새로 생겨나는 일자리도 있다는 것에 대해서도 현재 인공지능 등에 의해서 실제로 인간의 역할을 온전히 대체하는 일이 실현되고 있다는 점을 든다. 셋째, 기술이 완전히 대체할 수 있는 직업이 없다는 반론에 대해서 인간이 할 수 있는 부분이 있다는 면에서는 합리적인 반론이지만, 다만 현재는 인공지능과의 보완성이 높은 직종은 고소득 직종이라 오히려 불평등을 키우는 요인이 될 수 있다는 견해도 있다(한겨레21, 2024).

그러나 AI와 인간이 각각 할 수 있는 일의 영역이 존재한다거나, AI가 인간의 모든 영역을 대체할 수 있다는 논란은 끝이 나지 않는 논쟁일 뿐이다. 어느 쪽의 견해이든 새로운 쟁점은 계속해서 나타날 것이다. 중요한 것은 AI의 역할과 영역에 대해 옳고 그름을 따지는 것이 아니라, AI를 개발하고 활용하는 주체인 인간이 어떤 철학과 가치관을 따르고 있느냐다. AI와 인간의 관계에 대한 찬반 양론보다 중요한 것은, AI가 이 사회에서 거부할 수 없는 존재인 만큼 공존의 본질을 찾아야 한다는 점이다.

기술 시대 인간의 가치

인간의 가치를 기술 강화와 연계하여 살펴볼 필요가 있다. 기술 강화 시대의 도래에서 도전받게 될 인간의 가치 혼란은 다음과 같다(김선희, 2012).

첫째, 개인의 정체성이 기술에 의해 평가되고 기술에 의존하게 된다. 기술 강화가 개인의 신체적, 유전적 특성, 재능, 성격에 영향을 미치고, 기술의 힘으로 삶의 모든 것을 성취하게 되면 인간의 주체성에 문제가 발생한다.

둘째, 도덕적 감수성의 상실이다. 기술 강화는 동정심, 배려, 공감 능력 등 인간의 도덕적 감수성을 상실하게 할 것이다. 육체적으로 취약한 인간성에 대한 수치심과 혐오감을 조장함으로써 동정심이 타락하고 도덕적 감수성이 퇴보할 것이다. 결과적으로 인간성을 혐오하고 부정하는 기술 문화와 사고체계 안에서는 공감 능력이 퇴화하고, 인류애와 공감적 유대감이 약화할 것이다.

셋째, 정복과 지배의 세계관이다. 기술을 통해 인간이 개입하고 통제하게 되면, 인간은 더 이상 자연적으로 탄생하는 것이 아니라 만들어지는 존재가 되며, 만드는 자의 의도와 계획에 의해 조종되거나 통제되는 대상으로 전락할 수 있다. 기술 강화로 통제 불가능한 미지의 영역이 통제 가능한 영역으로 넘어오면, 세계관은 지배와 정복의 개념으로 바뀌게 될 것이다.

넷째, 공동체 의식의 약화다. 기술 강화는 인간의 공동체 의식을 약화할 것이다. 지적, 신체적 격차가 커지면서 빈부 격차가 더욱 벌어지고, 자본의 힘을 입은 기술은 자연적 재능을 넘어 인위적인 재능을 만들어 냄으로써 부자와 빈자 간의 격차와 불평등을 심화할 것이다. 기술에 의한 경쟁 논리에 따라 재능이 강화되고 만들어지면서 사람들 간의 동정심이 약화하고, 그에 따라 공동체의 유대감도 약화할 것이다.

다섯째, 소유와 경쟁의 논리는 더욱 강화될 것이다.

기술 강화는 자연적 재능의 선물과 나눔의 논리를 점점 사라지게 할 것이다. 재능은 선물이 아닌 획득물로 여겨지며, 공동체와 나누기보다는 개인의 소유물로 간주된다. 따라서 기술로 만들어진 재능은 더 나은 재능을 위해 경쟁해야 하며, 이는 비교와 평가의 대상이 된다. 소유의 논리에서는 재능을 공동체와 나눌 의무가 없다. 기술 자본주의가 개인의 힘을 증진할수록 공동체의 공익 개념은 약화할 것이다. 이는 AI의 순기능에 대한 기대와는 반대의 결과를 초래할 수 있다.

따라서 기술 시대의 인간 시대 선언은 어느 하나를 배제하고 어느 하나만을 주장하는 것으로는 문제 해결에 접근하지 못한다. 기계의 시스템과 인간의 공감의 조합(Leadbeater, 2014)을 디지털 기술 사회의 핵심 요소로 보아야 한다. 시스템은 공통의 목적을 달성하기 위해 구성 요소들을 결합하고 프로세스와 방법들을 구축하지만, 올바르게 작동하려면 사람들의 공감에 의존해야 한다. 통찰력, 친화력, 교감, 공통의 이해, 공동 작업, 협력 및 공유가 최상의 대안이다. 높은 시스템과 높은 공감이 충족되면, 규모에 따른 적절한 반응이 가능해져 최상의 상태를 만들어 낼 수 있다.

시스템이 발달할수록 관계 및 상호작용을 통해 가치

가 만들어지기 때문에 사람들 사이의 연결성(connection), 친밀감(intimacy) 및 공감(empathy)이 매우 중요하다. 이러한 상호작용의 중심에 '생명'이 있다. 생명 가치의 접근은 다양한 개체와의 협력을 창출해 내고, 문제 해결을 위한 다양한 접촉과 상호작용을 통해 새로운 창조적 대안을 만들게 될 것이다.

미래를 예측하는 작업을 '포캐스팅(forecasting)'이라고 하지만, 기술의 미래를 예측하는 데는 '백캐스팅(backcasting)'이 더 중요하다. 백캐스팅은 우리가 원하는 미래 인간 사회의 모습을 구상하고, 이를 달성하기 위해 현재부터 어떤 기술과 제도 변화가 필요한지를 단계적으로 계획하는 것이다. 이는 미래 비전에서 출발해 현재의 전략을 수립하는 적극적인 접근 방식이다. 과학기술자와 경영자는 새로운 기술과 상품을 개발할 때 기술적 성능 향상뿐만 아니라 인간과 사회의 미래를 고려해야 한다. 인간의 미래에 대한 통찰이 기술 발전을 이끌어야 한다는 신념을 유지해야 한다(이정동, 2024).

참고문헌

김선희(2012). 『과학기술과 인간 정체성』. 마카넷.
동아일보(2019.4.6). 정관 스님 "한가지 방법으로만 요리하면 그건

죽은 음식”.
https://www.donga.com/news/article/all/20190406/94920214/1
이정동(2024.2.5). 과학과 인문의 결합이 중요한 이유. ≪중앙일보≫, https://www.joongang.co.kr/article/25226831
한겨레21(2024.2.17). AI, '인간 중심 혁신'으로 방향을 틀어라'. https://h21.hani.co.kr/arti/economy/economy_general/55109.html
Cornelli, G. et al.(2023.10). Artificial intelligence, services globalisation and income inequality. BIS working papers. No. 1135. https://www.bis.org/publ/work1135.pdf
Leadbeater, C.(2014). The London recipe: How systems and empathy make the city. Centre for London. http://www.centreforlondon.org/publication/london-recipe

08
목적 지향 기업으로 전환

기업 경영에서 어떤 목적을 추구하는가는 매우 중요하다. 이는 미션의 설정으로부터 시작되어 목적을 분명하게 하며, 정확한 전략을 수립하고 실행하게 한다.
특히 AI 시대 기업은 목적을 분명히 해야 한다. 단지 성능이 우수한 AI 기술의 활용만이 목적이 될 수는 없다.

미션과 목적

기업 경영에서 전략적으로 가장 중요한 초석은 미션(mission)이다. 미션은 기업의 경영 철학과 맥락을 같이한다. 미션은 한마디로 기업 경영의 도메인(domain) 즉 비즈니스의 영역과 성격을 규명한다. 한마디로 이런 것이다. '우리 기업은 무엇을 하는 기업인가?', '우리 기업의 고객은 누구인가?' 같은 것이다. 이것이 잘 정해지면 거기에 따라 기업의 사업에 대한 목적과 전략이 수립된다.

1997년 우리나라는 IMF 외환 위기로 국가 부도 사태에 직면했다. 많은 기업이 도산하는 불행한 일이 연속되었다. 이때 우리나라 기업들이 도산한 원인에 관한 여러 연구와 보고서들이 있었는데, 그중 하나는 미션의 부재였다. 당시 저자의 박사학위 논문도 이와 맥락을 같이한다. 논문은 우리나라 기업과 외국계 기업의 성과 차이를 전략적으로 분석한 것으로, 미션이 있는 외국계 기업과 그렇지 않은 우리나라 기업의 전략적 차이가 성과로 연결된다는 결과를 발견했다.

IMF 외환 위기 당시까지 우리나라 재벌 그룹들은 방계 계열회사를 얼마나 많이 보유하느냐에 따라 기업의 위세가 결정되었다. 재벌 그룹들은 보통 60개 이상의 계열사를 보유하고 있었고, 거의 모든 산업 분야에 진출해 있었다. 이는 사업 분야 확장을 통해 그룹 규모를 키우려는 목적에서 비롯된 것으로, 미션의 부재는 계열사 수를 무분별하게 늘리는 '문어발식 경영'이라는 결과를 초래했다. 돈이 될 만한 분야에 진출하고 재산을 증식하기 위해 계열사를 증가시키는 것이 필연적이었다. 그러나 미션이 없는 상태에서의 기업 경영은 외부 충격이 가해졌을 때 기업 생존에 큰 위협을 초래했다. 이로 인해 우리나라 기업들은 미션의 중요성을 깨닫게 되었다.

기업에 미션은 조직을 한 방향으로 이끄는 원칙과 기준이다. 이 미션으로부터 기업의 핵심 가치는 무엇이어야 하는가에 대한 매우 중요한 경영 철학이 확립된다. 다시 말하면, 핵심 가치의 토대가 되는 것은 기업의 비전과 미션이다. 기업이 설정한 비전과 미션이 무엇이냐에 따라 핵심 가치가 결정된다. 비전에 따라 기업의 핵심 가치, 목적, 사명이 그 방향과 지향점을 분명히 하게 된다. 반대로 말해서, 미션이 명확하지 않으면 핵심 가치, 목적, 사업 방향이 모두 방향을 잃고 혼란스러울 수밖에 없다. 따라서 미션을 정하고 핵심 가치를 설정한다는 것은 기업의 가치와 아울러 비즈니스에 대한 철학적 고민이 근본적으로 동반되어야 한다. 단지 방법론만을 정하고 그것을 전략이라고 말한다면, 그것은 핵심 가치가 아니기 때문이다.

핵심 가치는 기업의 사업 결정을 비롯하여 정책, 행동 등 기업 전반의 모든 단계에 걸쳐 있다. 한마디로 길잡이로서의 '비즈니스 철학'이라고 말할 수 있다. 핵심 가치와 믿음은 사업과 생활에서 무엇이 중요한지에 대한 가르침, 비즈니스를 하는 방법, 인간에 대한 비즈니스적인 견해, 비즈니스의 사회적 역할, 세상을 움직이는 방법, 위반해서는 안 되는 것 등 동기를 부여하는 원칙들과 신조 체계를 담고 있다.

미션을 통한 핵심 가치의 올바른 결정은 전략과 구체적인 전술로 이어진다. 이는 전략적 체계에서 매우 중요한 기본적인 틀이다. 실제로 많은 경우 비즈니스 모델을 수립한다고 하면서 구체적인 판매 전술에만 치중하여 오로지 매출 증대와 판촉 활동만 고려하고 계획하는 경우가 많다. 즉 나의 비즈니스에 어떤 철학과 핵심 가치를 담을 것인가보다는 어떻게 많이 팔고 이윤을 창출할 수 있을까에 대한 방법론에만 집중한다. 그렇다면 여러 가지 환경 변화와 상황 전개에 따라 이때는 이렇고 저때는 저렇고 식의 혼란만 가중될 뿐이다. 대부분 이러한 기업들의 비즈니스 모델은 실패로 귀결된다.

따라서 핵심 가치는 기업이 존재하는 이유에 대한 구체적 실천 덕목의 표현이며, 이 핵심 가치가 조직 구성원으로서 의사 결정 및 행동 기준에 대한 실천적 방법을 제시하고 이것이 조직 구성원에게 공유되고 공감되는 것이 중요하다. 또 핵심 가치를 조직 내에 신속하고 안정적으로 정착시키기 위해서는 핵심 가치에 적합한 제도나 시스템을 도입해야 한다. 말만이 아닌 제도나 시스템에서 가시적이고 직접적인 변화가 함께 이루어져야 한다(이완형, 2023).

AI 비즈니스의 목적은 기업의 비전으로부터 핵심 가치에 이르는 일련의 전략적 흐름에서 명확히 설정되어야 한다. 현재 논의되는 AI의 기술적 역량은 기업의 최종 목적지가 될 수 없다. AI를 어떻게 활용할 것인가에 대해 기능 중심에서 벗어나, 인간과 생태계의 생명 관점으로 전환해야 다가올 혼란을 최소화할 수 있다. 이렇게 할 때 인간과 공존하는 지속 가능한 AI 비즈니스를 실현할 수 있다.

최고경영자의 강력한 전략적 의지가 기업 전체에 전달되고, 이를 통해 기업의 분명한 목적이 확립되어야 한다. 그렇지 않으면 생명 가치를 존중하는 경영은 구호에 그칠 가능성이 크다. 경영층이 생명을 가치로 경영을 변화시키려 해도, 일선 부서에서는 부서 이기주의와 경쟁에 휘말려 성과 지상주의에서 벗어나지 못하는 일이 종종 발생한다.

따라서 기업 경영의 목적이 전환되려면 조직의 구조와 기업 문화가 변화해야 한다. 산업 시대의 조직 구조와 문화를 그대로 유지하면서 새로운 시대적 요청을 받아들인다고 하는 것은 AI 시대의 변화에 맞는 옷을 입지 않은 것과 같다. 이렇게 되면 기업 내에서 소통과 공유가 제대로 될 리가 없을뿐더러 실행하기까지는 너무나 막연한 일이 된다.

디지털 전환 시대의 기업 문화는 파괴적 혁신을 전제로 하는 새로운 조직 질서를 요구한다. 산업 시대의 기업이 종합 계획과 통제 시스템에 의존했다면, 디지털 전환 시대의 기업은 애자일 조직(agile organization, 탄력적 조직)으로 전환해야 한다(이완형, 2019). 이는 부서 간 경계를 허물고 필요에 맞게 셀을 구성하는 유연성을 기반으로 한다. 구체적인 지시나 톱 다운식 계층 구조, 관료주의적 기업 문화에서 벗어나 빠른 변화에 유연하게 대처할 수 있어야 한다. 보고보다는 실행에 집중하고, 의사 결정도 특정 개인이 아닌 팀 중심으로 이루어져야 한다. 애자일 조직의 핵심은 기업의 방향성과 행동을 제시하는 리더십이며, 이를 위해서는 최고경영자뿐만 아니라 모든 조직 구성원의 리더십이 중요하다. 이를 통해 목적이 분명하면서도 실행력과 유연함이 조화를 이루는 조직을 만들 수 있다(Mckinsey & Company, 2018).

자기 기업 중심의 경영에서 탈피

'왜 기업이 존재하는가?'는 결코 간단한 문제가 아니다. 다소 복잡할 수 있다. 왜냐하면 이윤 창출(profitability)이라고만 이야기할 수 없기 때문이다. 단지 돈을 벌기 위한 것이 아니라 기업의 존재 이유는 사회에(for society) 그리고 환경에(for environment) 특별한 일련의 제품과 서비스를 제공하는 데 있기 때문이다.

자기 기업 중심의 경영 논리에서 벗어나기 위해서는 AI와 공존할 수 있는 미션을 설정하는 것이 중요하다. AI와의 공존에서 가장 기본이 되는 것은 AI 윤리 기준 설정이다. 윤리적 규범은 기업의 의사 결정과 실행에서 '옳은 행동'을 전제하며, 이는 정직, 공정, 존중, 투명, 책임성을 포함한다.

지속 가능한 조직은 윤리적 관점에서 더 나아가 해로운 것을 금하고 부정적인 행동을 줄이는 데서 시작한다. 나아가 윤리 시스템 구축을 통해 기업의 윤리적 탁월함을 사회에 연결하여 긍정적인 영향력을 끼치는 데 집중한다. 따라서 이러한 지속 가능 관점의 기업 미션은 제품과 서비스를 생산하는 것뿐만 아니라 이를 통해 사회를 개선할 수 있는 목적을 중요하게 다룬다(Francisco & Zahir, 2017).

생명 가치 중심의 경영을 실행하는 것은 산업 시대의 자기 기업 중심의 경영과 비교된다. 생명 중심의 경영을 실행하기 위해서는 다음과 같이 경영 패러다임의 전략적 변화를 인식하고 실행해야 한다(이완형, 2022).

첫째, 기업 가치는 다른 사람과의 협력을 통해 창조된다. 인간은 자기 목적만을 달성하는 이기적 관점으로부터 나아가 사회적 존재로서의 인간이다. 사회적 존재로서 인간에 대한 협력과 연대는 경쟁과 욕심의 부작용을 초래한 전통적 경제적 이기심을 분산 통제할 수 있다.

둘째, 기업은 지속적 가치 창조와 공유를 위해서 사회의 여러 구성원의 참여를 독려해야 한다. 특히 기업과 관련된 이해관계자의 참여와 공유를 통해 자기를 위한 이기심을 견제할 수 있다.

셋째, 기업은 도덕관념이 없거나 비도덕적 행태에 대해 단호히 거절해야 한다. 이런 면에서 경제와 윤리는 분리되지 않고 결합된다. 오히려 적극적으로 기업은 도덕적 책임을 다해야 한다. 그동안 도덕적 사고와 경제적 이익은 항상 일치하지 않았다. 이는 AI 시대에 매우 심각한 위협 요인이 된다. 왜냐하면 경제적 이익만을 추구하는 AI 비즈니스 활동은 결국 도덕적 붕괴를 가져올 것이 너무나 자명하기 때문이다.

넷째, 인간은 다양한 가치를 지향하는 복잡성을 가지고 있다. 생명 지향적 경영을 한다는 것은 인간의 특성을 단순화하여 표준화하지 않아야 한다는 것을 의미한다. 다양한 가치와 사회 문화적 맥락과 연결되는 경영일 때 제품의 다양성을 통해 생명의 특성을 반영하게 될 것이다.

다섯째, 지속적인 창조가 활발해야 한다. 이는 투명성과 상상력을 통해 타인과의 긴밀한 협력 속에서 지속적 창조가 가능하게 한다. 생명은 그 특징에서 알듯이 관계이고 지속해서 움직이며 새로운 것들을 창조해 낸다. 이런 면에서 지속적 창조 경영은 곧 생명 가치와 연결된다.

여섯째, 경쟁을 이해하되 창발적 경쟁 관점으로 전환해야 한다. 창발성(emergence)은 모든 복잡계가 보여주는 특성이다. 가령 흰개미들은 집을 지을 만한 지능이 없지만, 그 집합체는 역할이 다른 개미들의 상호작용을 통해 거대한 탑을 세운다. 복잡계에서 하위 수준(구성

요소)에는 없는 특성이 상위 수준(전체 구조)에서 창발하는 것은 자기조직화 능력 때문이다. 자기조직화에는 분명 위대한 힘과 창조적 에너지가 있지만, 그 힘과 에너지가 지능과 같은 능력을 발휘하려면 특정한 형태를 향해 변해 가야 한다(위키백과). 따라서 생명 가치를 추구하는 기업은 '포지티브섬' 관점에서 기업 생태계 안에서의 경쟁자와의 협력도 가능하게 된다.

일곱째, 기업의 의사 결정자는 이성적 추론 능력의 한계와 확증 편향과 같은 자기기만의 성향을 극복해야 한다(Bazerman, 2006). 자기 기업 중심의 논리로부터 탈피하는 것은 시야를 넓혀 주어 조율(coordination), 배려(consideration), 협력(cooperation)으로 기업의 경영 문제를 통합, 조합시킴으로써 상생의 경제를 가능하게 한다(최무진, 2021). 자기 중심의 경영관에서는 자기 중심의 확증 편향적 사고와 전략 결정으로 생명 가치의 '상생 경영'이 불가능하다.

참고문헌

위키백과. 창발.

이완형(2019). 디지털 전환 기업의 조직문화에 관한 연구: 성경 원리 적용. ≪로고스경영연구≫, 17권 4호. 45-66쪽.

이완형(2022). 생명경제개념의 도입과 생명가치 기업경영으로 전환.

≪로고스경영연구≫, 20권 4호, 113-134쪽.
이완형(2023). 『디지털 비즈니스 트랜스포메이션: AI · 기후위기 시대의 경영 이해』. 교문사.
최무진(2021). 기독교적 프레임을 통한 전략이론의 이해: 크리스천 분파의 모색. ≪로고스경영연구≫, 19권 1호, 1-18쪽.
Bazerman, M. H.(2006). *Judgment in managerial decision making.* Hoboken: John Wiley & Sons, Inc.
Francisco S. & Zahir D.(2017). *Beyond the triple bottom line: Eight steps toward a sustainable business model.* The MIT Press.
Mckinsey &Company(2018.1.22). The five trademarks of agile organization. https://www.mckinsey.com/business-functions/organization/our-insights/the-five-trademarks-of-agile-organizations

09
체인지 에이전트로서의 기업 경영

AI 시대 기업은 어떤 사명을 가져야 할까? 체인지 에이전트(change agent)로서의 사명이 있어야 한다. 단지 물건을 만들어 팔고 이익을 남기는 산업 시대의 경쟁 논리에서 벗어나야 한다. 새로운 시대는 새로운 아이덴티티(identity)가 필요하다. 생명 가치의 전달자이자 매개자는 AI 시대 기업의 사명이다.

체인지 에이전트의 의미와 역할

글로벌 경영과 마케팅 이론에서 해외 진출 기업의 성공과 실패를 가르는 중요한 요인 중 하나는 문화적 변수다. 진출 국가의 문화를 어떻게 이해하고 접근하느냐에 따라 기업의 성공 여부가 달라진다. 글로벌 기업은 체인지 에이전트(a change agent)로서의 사명을 가져야 한다. 이는 경영 활동과 제품, 서비스에서 문화적 변화의 매개자가 되어야 한다는 의미다. 예를 들어, 대형 할인 마트의 도입은 가정 내 역할 분담에 변화를 가져와, 남편들이 아내와 함께 장을 보는 문화를 만들었다. 이처럼 기업은 제품과 서비스에 따라 사회에 긍정적 또는 부정적 영향을 미칠 수 있다.

체인지 에이전트는 변화의 리더나 옹호자와는 역할이 다르다. 변화를 주도하는 주체로서 체인지 리더(change leader)보다 한 단계 높은 수준으로 간주된다. 다양하고 역동적인 비즈니스 세계에서 변화의 주도자로서의 체인지 에이전트는 새로운 패러다임의 촉매제 역할을 한다. 미래 지향적인 태도를 가지고 현재의 혼란을 헤쳐 나갈 계획을 더욱 효과적으로 실행한다.

기업이 체인지 에이전트로서의 역할을 하기 위해서는 여러 자질을 균형적으로 갖추어야 한다. 첫째, 선견지명을 가져야 한다. 좋은 변화의 주도자로서 큰 그림을 볼 수 있어야 원하는 미래를 만들어 갈 수 있다. 기업은 단지 물건을 만들고 파는 존재가 아니다. 작게는 이윤을 추구하지만, 큰 그림에서는 인류와 사회의 일원으로서 활동하는 사명적 기관이다.

둘째, 커뮤니케이션의 탁월함이 필요하다. AI 적용에서 생명이 중심 가치임을 명확히 표현하고 이를 미션에 반영하여 전사적으로 추진해야 한다. 이를 위해 최고경영자부터 현장 직원까지 가치가 공유되어야 한다. 커뮤니케이션 능력은 생명 가치를 실현하는 바탕이다. 이러한 진정성 있는 커뮤니케이션은 소비자에게도 전달되어야 하며, 기업이 추구하는 가치와 제품, 서비스의 차원을 설득하고 홍보해야 한다.

셋째, 기업 조직 내뿐만 아니라 소비자와 사회 전체에 공감을 확산해야 한다. 아무리 훌륭한 계획과 가치를 지니고 있더라도, 이해관계자들의 공감을 얻지 못한다면 계획은 단지 이론에 그칠 뿐이다. SNS 시대에는 공감력이 향상될수록 새로운 가치 기준에 따른 저항과 장애물을 극복할 힘이 생긴다.

넷째, 변화의 주도자로서 기업은 사회와 인류에 선한 영향력을 미쳐야 한다. AI를 통해 기업이 추구하는 가치가 돈과 성취보다 인류와 사회에 공헌하는 생명이라면, AI의 고도화로 인한 혼란과 갈등에서도 기업은 흔들리지 않을 것이다. 이것이 기업과 사회의 안전장치가 되어, 제도나 법으로 해결할 수 없는 모호함을 윤리적으로 극복하게 할 것이다.

다섯째, 회복 탄력성, 즉 리질리언스(resilience) 경영이어야 한다. 새로운 도전은 예측할 수 없는 환경에 직면하게 하며, 이에 따라 기업은 유연해야 한다. 조직 리질리언스란 조직이 살아남고 번영하기 위해 점진적 변화나 갑작스러운 중단을 예측하고, 그에 대해 준비, 대응 및 적응할 수 있는 능력이다. 회복 탄력성은 상황이 변화할 때 스트레스를 흡수하고 중요한 기능을 회복하며 지속할 수 있는 능력이다. 예측이 어려운 위기 상황에 리질리언스 경영은 유연하게 대응하고, 이는 위기를 기회로 전환하는 능력이 된다(Livni, 2018).

회복 경영은 단지 무너진 것을 예전 상태로 회복하는 데 그치지 않는다. 오히려 상실된 한 분야를 정상화하는 위기 관리를 뛰어넘어, 비즈니스를 회복 탄력적인 조직으로 전환하고 지속 가능한 경영을 재설계하는 것을 포함한다. 최근 예측 불가능한 환경적 충격과 AI의 역기능으로 인해 리질리언스는 기업의 핵심 역량이 되고 있다

(강연실 · 조부연, 2021). 리질리언스 경영은 단순한 바운스백(bounce back)이 아니라 바운스 포워드(bounce forward)로 도약하는 역동적인 조직의 능력을 의미한다. 원래 상태로만 되돌리는 것이 아니라, 이를 바탕으로 더 앞으로 나아가는 계기를 만드는 것이 리질리언스 경영이다.

리질리언스는 생명의 본질적 의미에서 '생명' 가치에 수렴되는 경영이다. 생명이 있는 것은 기본적으로 손상되었을 때 회복하는 본성을 가지고 있다. 기업 자신은 물론 소비자의 회복은 생명 가치 경영에서의 본질적 가치다. 회복과 함께 다시 앞으로 나가게 하는 추진 동력은 '생명'이다.

여섯째, 생명 가치 실현을 위한 실행력이 뒷받침되어야 한다. 반대 의견이나 협조적 분위기를 만들기 위해 필요한 결정이나 조치가 미루어지면 실행이 축소될 수밖에 없다. 예를 들어, 기업들이 ESG(환경 · 사회 · 지배구조) 경영을 강조하지만 그것이 실행되지 않는 이유는 필요한 결정이 지연되면서 반대 의견에 묻히기 때문이다. 또 새로운 환경 변화와 수익률 저하가 발생하면 추진은 거센 반대에 부딪힌다. 체인지 에이전트로서 기업이 가치 전환을 이루려면 자신감을 가지고 인류적 비전과 사명감을 포기하지 않아야 한다. 사명을 포기하지 않을 때 실행력이 커진다. 그러나 사명 없이 당위성만으로 접근하면 상황은 언제든지 뒤바뀔 수 있다.

공평한 관찰자로서의 경영

근대 사상가로 잘 알려진 애덤 스미스(Adam Smith)는 『도덕 감정론(The Theory of Moral Sentiments)』에서 독특한 윤리 사상을 제시했다. 스미스는 경제학자이자 도덕철학자였다. 인간 사회의 질서와 번영을 이끄는 원리는 무엇인가? 스미스의 불후의 고전인 『도덕 감정론』과 『국부론(The Wealth of Nations)』은 이러한 의문에서 비롯되었다. 스미스의 대전제는 인간이 타인에게 관심을 둔다는 사실이다. 누군가가 소리 내어 웃으며 즐거워할 때, 우리는 그 이유에 관심을 가지며 공감하게 된다. 반대로, 누군가가 소리 내어 울며 슬퍼할 때, 우리는 그 이유를 알고 공감함으로써 위안을 얻는다.

애덤 스미스는 다른 사람의 행위와 감정 표현을 보고 그것이 타당한지 판단한 후, 함께 기뻐하고 슬퍼하는 인간의 행위를 '공감(sympathy)'이라고 하였다. 공감 능력을 갖춘 인간은 자신의 행동과 감정이 다른 사람에게 어떻게 판단되는지에도 관심을 둔다. 타인이 공감을 표하면 기쁘고, 그러지 않으면 불쾌하다. 인간은 기쁨을 추구하기 때문에 자신의 행동이 타인의 공감을 받도록 노력한다. 이러한 공감 행위가 반복되면서 인간은 어떤 행동이 사회의 공감을 받고 칭찬의 대상이 되는지, 어떤 행동이 불쾌와 비난의 대상이 되는지를 알게 된다. 그리하여 마음속에는 자신과 타인의 행동을 판단하는 또 하나의 자신, 즉 '공평한 관찰자'가 자리 잡게 된다.

스미스는 어느 사회의 질서를 규율하는 정의와 법은 그 사회가 공유하는 '공평한 관찰자'에 의해 제정된 것으로 간주하였다(이영훈, 2015). 스미스의 '공평한 관찰자'는 인간이 타인에게 인정받기를 바라고 또한 자신의 감정과 행위가 타인에게 인정받을 수 있도록 노력하는 '균형추' 역할을 한다.

경제에서 존중은 비즈니스에서도 나타난다. 물론 일부 시장 참가자 중에는 소비자를 속이거나, 원재료를 엉터리로 쓰거나, 가격을 터무니없이 높여 받거나, 임금을 주지 않는 사람도 있다. 하지만 이런 기업과 사업자들은 오래 견디지 못한다. 소비자에게 진정으로 다가가지 못하기 때문에 결국 실패한다. 소비자를 최선을 다해 존중하는 기업만이 이익을 실현한다. 소비자를 존중하지 않는 기업들은 평판과 주가가 급락하고 급기야 매출도 추락한다. 소비자를 존중하지 않으면 안 되는 체제가 시장 경제 체제다(고기완, 2017).

스미스가 말한 공평한 관찰자는 공감을 통해 그 역할 수행이 가능해진다. 이 공감은 AI 시대에 기업이 소비자와 사회를 연결하는 다리 역할을 한다. 즉, 기업은 자신의 경제적 행위와 비즈니스 활동을 단순한 방관자가 아니라 타인의 입장에서 조정하는 '사정에 정통하며 냉철한 관찰자' 역할을 하게 된다. 기업의 이기적인 경영 활동은 공감을 통해 전체 사회와 조화되는 사회 통합으로 작용하고, 이기심과 이타심을 모순 없이 조화시킨다. 스미스의 '공평한 관찰자'는 '공감의 원리'에 기초한 이기심의 경제 원리와 정의를 전제한 자유주의 경제 사상과 조화된다.

AI 시대의 체인지 에이전트로서 기업의 사명은 생명을 핵심 가치로 하는 윤리 경영의 탁월함에 있다. 윤리적 탁월함은 생명 가치 경영을 실현할 뿐만 아니라, 소비자와 사회와의 관계에서 기업이 공평한 관찰자로서의 역할을 충실히 수행하게 한다.

참고문헌

강연실 · 조부연(2021). 기업의 지식경영활동이 재무적 성과에

미치는 영향: 기업 회복 역량의 매개효과를 중심으로. ≪지식경영≫, 22권 1호, 139-154쪽.

고기완(2017.4.13). 아담 스미스에게서 배우는 존중의 지혜, ≪데일리안≫.

심경섭(2009). 아담 스미스의 경제윤리 사상에 관한 고찰: 도덕 감정론을 중심으로. ≪전문경영인연구≫, 12권 1호, 33-47쪽.

이영훈(2015.9.11). 애담 스미스를 다시 읽다, 성숙한 사회의 도덕원리, 각자 마음속에 '공평한 관찰자' 있어 타인과 동감하려 해. ≪한국경제신문≫.

이완형(2023). 『디지털 비즈니스 트랜스포메이션: AI · 기후위기 시대의 경영 이해』. 교문사.

Livni, E.(2018.5.30). Forget happiness, you should be aiming for resilience. World Economic Forum(WEF). https://www.weforum.org/agenda/2018/05/resilience-is-the-new-happiness/

10
게임 체인저로서의 소비 생활

소비자는 단순한 제품 수요자가 아니라 공급자이기도 하고 또한 감시자이기도 하다. 이 역할을 통해 소비자는 게임 체인저(game changer)가 된다.
게임 체인저로서의 소비 생활은 AI 시대 중요한 소비자 덕목이다. 게임 체인저인 소비자는 기업의 제품과 서비스의 방향을 결정하고 사회를 건강하게 할 수 있다.

게임 체인저

'게임 체인저(game changer)'는 경영 측면에서는 기존 시장에 엄청난 변화를 불러올 정도의 혁신적 아이디어를 가진 사람이나 기업을 가리키는 용어로, 애플의 창업자 스티브 잡스, 페이스북의 창업자 마크 저커버그, 구글의 창업자 래리 페이지 등을 이렇게 부르기도 한다. 정치적으로는 기존의 정치 질서를 뒤흔드는 사건이나 인물을 칭할 때 주로 쓴다(네이버 지식백과).

1970년대 말부터 시작해서 1980~1990년대는 일본 경영이 세계를 주름잡던 시절이었다. 일본의 제조업이 미국과 유럽의 기업들을 능가하는 성과를 세계 시장에서 보여 주었다. 그래서 '일본식 경영'이라는 말이 한동안 키워드가 되었고, 일본식 경영을 배우자는 열풍이 전 세계적으로 일어났다. 기억하시는 독자들도 있겠지만, 당시 해외에 나가면 어디를 가나 소니(Sony) 티브이가 호텔, 관공서, 레스토랑 등 주요 시설에 걸려 있었다. 전자 제품을 파는 대형 마트에 가면 도시바, 파나소닉, 산요, 미쓰비시 등 일본 기업의 제품이 주류 진열대를 독차지하다시피 하였다. 특히 미국의 하버드 비즈니스 스쿨에서도 일본식 경영에 대한 사례 연구가 중요한 연구 주제였다.

일본 기업 제품이 세계 시장을 석권한 이유 중 하나는 일본 소비자들의 까다로운 요구 조건이었다. 소비자들의 높은 품질 요구가 일본 기업 제품의 우수성을 이끌어 낸 원인 중 하나라는 분석이다.

AI 시대에 소비자는 단지 기업이 만든 제품을 사용하는 사용자에 머물지 않는다. 소비자는 이제 게임 체인저로서, 자신이 추구하는 가치를 기업에 전달하고 요구하는 영향력 있는 존재가 되었다. 이들은 단순히 기능이나 성능만을 중시하는 것이 아니라, 자신의 신념과 일치하는 기업을 지지하고, AI 시대에 인간과 사회의 갈등에 무관심하지 않다. 이들은 이윤 추구만을 목표로 하는 기업 대신 문제 해결에 선한 영향력을 발휘하는 기업을 선호한다.

글로벌 전문 서비스 분야의 선두 기업으로 전략 컨설팅, 기술 등 광범위한 서비스를 제공하는 액센추어(accenture)는 전 세계 3만 명의 소비자를 대상으로 "다른 브랜드가 있음에도 왜 특정 브랜드를 선호하는가?"에 대해 조사하였다(accenture, 2018). 이 보고서의 결과에 따르면 소비자들은 단순히 제품 품질이나 가격만을 기준으로 의사 결정을 하지 않는다. 소비자의 62%는 기업이 지속 가능성, 투명성, 공정한 고용 관행과 같은 현재의 광범위한 이슈에 대해 견해를 밝히고 경영 활동과 제품 생산 영역에서도 그에 발맞추기를 원하는 것으로 조사되었다.

기업의 목적이 소비자의 신념과 일치하면 더 좋은 평가를 받는다. 반면, 사회적 이슈에 적극적으로 나서지 않는 기업은 좋지 않은 평가를 받으며, 소비자들은 해당 기업 제품의 구매를 꺼리거나 망설이게 된다. 조사에 따르면, 사회적 이슈에 대해 기업 브랜드의 말이나 행동에 실망한 소비자의 절반 이상이 해당 브랜드에 대해 불만을 제기하고, 47%는 불만을 품고 떠나며, 17%는 다시는 해당 브랜드로 돌아오지 않는다.

이는 오늘날 소비자들이 특정 브랜드를 구매하는 데 단지 가격이나 품질 조건만이 절대적 기준이 아님을 보여 준다. 오히려 소비자의 66%는 훌륭한 문화, 명확한 목적, 약속을 지키는 실행력을 가진 기업의 브랜드를 선호한다. 또한, 제품의 원재료 출처, 직원에 대한 공정한 대우, 투명한 경영도 중요하게 본다. 환경 개선 노력과 실천(62%), 기업의 윤리적 가치관과 진정성(62%), 판매 제품 및 서비스에 대한 열정(62%)도 소비자 선호에 큰 영향을 미친다. 소비자의 뚜렷한 가치 지향적 소비 활동은 곧 게임 체인저의 역할을 확장하게 하고 있다.

또 다른 조사에 따르면, 소비자들의 소비 태도가 기업의 경영 활동에 영향을 미친다. 대한상공회의소(2021)의 ESG(환경 · 사회 · 지배구조) 경영에 대한 소비자 인식 조사 결과, 응답자의 63%가 기업의 ESG 경영이 제품 구매에 영향을 준다고 답했다. 또한, 70%는 ESG에 부정적인 기업의 제품을 의도적으로 구매하지 않은 경험이 있다고 답했다. ESG를 잘 실천하는 우수 기업의 제품에 추가 가격을 부담할 의사가 있다고 답한 비율은 88%에 달했다. 이를 통해 기업의 분명한 목적과 그 목적이 제품으로 이어지는 경영 활동이 소비자의 구매 결정에 큰 영향을 준다는 것을 알 수 있다.

같은 조사에서 기업의 역할에 대한 소비자의 인식도 변화했다. '주주의 이익 극대화'를 기업의 역할로 본 응답자는 9%에 그쳤지만, '주주가 아닌 사회 구성원의 이익'을 기업의 역할로 본 응답자는 39%에 달했다. 이는 기업이 단순히 제품을 팔아 이익을 추구하는 것을 넘어 사회적 책임을 다해야 한다는 소비자의 요구를 반영한 결과다.

소비자의 주권은 기업의 방향을 결정

기업 경영 활동에 영향을 미치고, 기업이 생산하고 서비스하는 모든 제품의 콘셉트(concept)를 바꾸는 힘은 소비자에게 있다. 최근 몇몇 기업들이 사회적으로 물의를 일으키자 소비자들은 불매 운동이나 SNS 인증 사진 등을 통해 강력한 여론을 형성했다. 이러한 소비자의 의견과 대응은 이전 시대와 비교할 수 없을 정도로 폭발적인 힘을 보여 주고 있다. 또 동일한 문제가 다시 발생하지 않도록 약속한 기업에 대해서는 사건 이후의 대응책과 개선 사항이 추적된다. 한마디로 소비자가 구매하지 않으면 그 제품은 물론 기업의 생존도 어려워진다.

인간은 끊임없이 감정을 노출하며 주위 사람들과 관계를 맺는 본능을 가지고 태어난다. 관계는 곧 생명의 특징이다. 이는 인간만의 특별한 능력이다. 정보 기술은 지속해서 더 높은 수준으로 발전해 가겠지만, 그렇다고 기술의 가치가 늘 그와 같이 높아지는 것은 아니다. 공학자를 찾는 수는 앞으로도 꾸준히 유지되겠지만, 미래에 가장 높은 가치를 인정받을 엔지니어들은 좁은 방에 들어앉은 천재들이 아니라, 관계를 형성하고 브레인스토밍하고 협력하고 앞에서 이끄는 사람들일 것이다 (Colvin, 2016).

AI의 발달로 인해 기계 영역과 생물 영역이 융합되고 합해지는 현상은 갈수록 증가하고 있다. 특히 생명공학 분야에서 두 영역의 수렴 현상은 더욱 깊어지고 있다. 그래서 사람들이 만들어 내는 물건이 점점 생명체와 유사하게 행동하고, 생명체에 공학적 요소가 점점 더 많이 가미되고 있다(Kelly, 2019).

이제 소비자의 의식과 가치관은 생명의 원리에 근거한 삶과 소비 생활을 지향해야 한다. 특히 AI로 인해 인간 존재가 위협받는 시대에는 소비자의 소비 행동이 매우 중요하다. 소비자는 세상을 바꿀 힘을 가지고 있다.

첫째, 소비자는 공동체 의식을 가져야 한다. 모든 존재가 우주 안에서 연결된 생명이라는 인식 아래, 생명 파괴를 막고 생명을 존엄하게 여기고 존중하는 태도가 필요하다.

둘째, 생명 가치가 경제 가치에 우선해야 한다. 생명 가치가 훼손된 곳에서는 경제적 특수가 충족되더라도 진정한 통합적 생명 가치는 실현되지 않는다.

셋째, 생명 가치 경영의 주체는 모든 삶을 사는 사람이라는 의식을 가져야 한다. 인간뿐만 아니라 모든 만물이 생명의 주체가 된다.

넷째, 청지기 의식을 강화해야 한다(김영선, 2003). 청지기 의식은 자기 중심의 세계관에서 벗어나, 나에게 주어진 삶의 영역에서 모든 것이 나의 소유 이전에 지구의 생명 중 하나라는 인식을 갖는 것이다. AI 시대에는 함께 공존하며 살아가는 지혜로서의 청지기 의식이 필요하다.

만약 성능 좋은 인공지능 로봇을 자랑하는 세상이 된다면, 기업들은 더욱 성능 좋은 인공지능 개발에만 집중할 것이다. 이렇게 되면 기업의 책임뿐만 아니라 소비자의 책임도 크다. 러스킨이 말한 '진짜 경제학'처럼, 생명을 향해 나아가는 물건을 열망하고, 생명을 파멸로 이끄는 물건은 거부할 힘을 소비자들이 행사해야 한다(Ruskin, 1986).

인간은 타인과의 관계 맺는 방식 그리고 세계와 관계하는 방식에 서로 영향을 받으며 존재한다. 인간 생명은 홀로 존재하는 개체가 아니라 '관계의 그물망' 속에 있는 '관계의 존재'이고 모든 사물과 상호작용 속에서 실존한다(김균진, 1995). 그래서 인간 생명은 정체 상태에 있는 것이 아니라 현재 진행형으로 매 순간 새롭게 변화한다. 살아 움직이는 과정 곧 삶이 생명이다. 바이러스가 생명은 있지만 스스로 번식할 수 없어, 오직 살아 있는 생물의 세포에 들어가서 그 감염된 세포의 대사를 탈취해야만 번식을 할 수 있는 것(Nurse, 2020)이라면, 기업의 경영도 자기 중심의 기업관에만 갇혀서 지구 공동체와 사회에 기생하는 바이러스와 같은 수준이 아니라 기업 외부의 이해관계자 및 다른 단위들과의 적극적인 관계 형성을 통해 지구 공동체와 사회 속에서 생명력을 보존하고 발휘해야 한다.

이러한 기업의 방향성을 결정하는 힘은 소비자에게 달려 있다. 소비자가 기업을 바꿀 수 있다. 전 세계적으로 책임감 있는 소비가 주목받고 있다. 낭비를 줄이기 위해 대량 구매를 지양하고, 물건을 소유하기보다는 경험하고 공유하는 서비스를 선호하는 소비자들이 증가하고 있다. 그래서 소비 개념도 단순한 물건 소비에서 가치 소비로 이동하고 있다. 그러면 기업은 물건 중심의 가치가 아니라 사람(고객) 중심의 가치를 우선할 수밖에 없게 된다.

AI 시대에 소비자의 주권을 행사해 보자. 기업들이 기능과 성능 위주의 첨단 제품을 만들어 낸다고 하더라도 그것이 생명 가치에 반하는 것이라면 소비자는 구매하지 않을 권리가 있다. 이는 AI 시대에 게임 체인저로서의 소비자 역할이다. 소비자의 주권 행사에 기업은 따라올 수밖에 없다. 물건이 팔리지 않는다는데 무슨 재간이 있겠는가.

소비자의 생명 가치 의식과 기업의 생명 가치 경영 활

동이 맞닿을 때 AI로 인한 혼란의 갈등은 그 방향을 찾고 인간의 삶을 도와주고 보완하는 동반자가 될 수 있을 것이다.

마지막으로, 여러분이 하는 모든 일의 목적을 생명 가치에 두고 실행할 때, 그 일에 대한 가치가 달라질 수 있음을 기억하면 좋겠다. 나의 직업과 직무에 생명을 불어넣어 여러분이 자신뿐만 아니라 공동체를 활기차게 만드는 원동력이 되어 '슬기로운 AI 시대'를 열어 가길 소망한다. 독자 여러분의 공감과 생각의 전환을 기대한다.

참고문헌

김균진(2007). 『생명의 신학: 인간의 생명에 대한 기독교 신학의 이해』. 연세대학교 출판부.

김영선(2003). 생명의 개념과 본질에 대한 신학적 고찰. ≪한국기독교신학논총≫, 30권 1호, 237-262쪽.

네이버지식백과. 게임체인저, 시사경제용어사전.

대한상공회의소(2021.5.30). ESG 경영과 기업의 역할에 대한 국민의식 조사.

accenture(2018.12.5). From me to we: The rise of the purpose-led brand.
https://www.accenture.com/us-en/insights/strategy/brand-purpose

Colvin, G.(2015). *Humans are underrated.* 신동숙 옮김(2016). 『인간은 과소평가 되었다: 로봇과 인공지능의 시대, 영속

가능한 인간의 영역은 무엇인가』. 한스미디어
Kelly, K.(1994). *Out of control.* Basic Books. 이충호·임지원 옮김(2019). 『통제 불능: 인간과 기계의 미래 생태계』. 김영사.
Nurse, P.(2020). *What is life?: Understand biology in five steps.* 이한음 옮김(2021). 『생명이란 무엇인가?: 5단계로 이해하는 생물학』. 까치.
Ruskin, J.(1986). *Unto this last and other writings.* Penguin classics. 곽계일 옮김(2018). 『존 러스킨의 생명의 경제학: 나중에 온 이사람에게도』. 아인북스.

이완형

서울사이버대학교 글로벌무역물류학과 교수다. AI서비스마케팅학과 학과장을 겸하고 있으며, 입학처장을 지냈다. 한국외국어대학교에서 국제경영 전공 경영학 석사와 박사학위, 미국 뉴욕 보험대학(The College of Insurance)에서 국제보험경영으로 MBA, 백석대학교 신학대학원에서 석사(M. Div.) 학위를 취득했다. 동양 베네피트 생명보험에서 7년간 근무했다. 현재 글로벌무역학회 부회장이며, KOTRA, 창업진흥원, 경기도시장상권진흥원 등 기관 평가 및 심사위원으로도 활동하고 있다. 최근에는 AI 및 기후 위기 시대의 패러다임 변화에 대한 휴머니티 경영(Humanity Management) 연구에 집중하고 있다. 국내외 학회지 ≪Journal of Global Business and Management≫, ≪로고스경영연구≫, ≪무역연구≫, ≪유통경영학회지≫ 등에 논문을 발표하며, 저서 『디지털 비즈니스 트랜스포메이션: AI·기후위기 시대의 경영 이해(개정판, 2023)』의 초판은 대한민국학술원·교육부 주관 2020년 우수학술도서에 선정되었다. 『글로벌경제경영(2011)』, 『비전공자를 위한 국제통상(2006)』도 있다. 또한 국가평생교육진흥원의 KMOOC 강좌 ESG경영 비즈니스 모델(2023년), 기계-인간-환경 공존 시대의 휴머니티 경영(2022년)을 개설하고 있다. 스포츠조선 '2024 신년 기획, 자랑스러운 혁신 한국인 & 파워브랜드'에서 혁신교육(연구) 부문 대상 수상(2024년 1월)과, 스승의 날에 우수 인재 양성의 공로로 교육부 장관 표창(2024년 5월 15일)을 받았다.